台灣常民文物展──信仰與生活

The Popular Belief and Daily Life Seen from Early Taiwanese Artifacts

展期：八十七年十二月二十九日至八十八年三月七日

國立歷史博物館
NATIONAL MUSEUM OF HISTORY

序

　　臺灣的歷史如果從文獻上考察，則有七百年以上的歷史；如果從地下出土的文物看，則在距今五萬年前便已有人類在此島上活動。近代以來，由於東西文化勢力交會，台灣的歷史發展更形成獨具特色的單元。然而，多年來在傳統歷史觀的影響跟教育下，台灣本身獨特的歷史文化精神卻一直為人所忽略；甚至遭到曲解。這實在是一件十分遺憾的事。

　　國立歷史博物館是中華民國政府在台灣設立的第一所國家博物館，她所肩負的史教任務不僅包括五千年來的固有中華歷史文化，更具有保存跟發揚臺灣斯土斯民文物美術於千秋萬世之重責。是以本館四十餘年來於整理歷代文物美術之際，無不將台灣文物美術一併羅致在內。舉凡先賢遺文典冊、藝術創作，乃至民間美術品等，皆曾作過系統而詳實的蒐集與研究。尤其在展覽方面，也多次就台灣先民史蹟作過規劃，甚受社會各界重視與支持。

　　此次本館與自由時報共同所策劃的台灣常民文物展，基本上也是延續過去保存和發揚台灣本土歷史文化的一貫立館精神而來。其展出文物概分為四類：

　　一為民間信仰用品。共一四五件，主要是民間道教用品，深刻的反應著早期台灣人民敬天法祖之民風。

　　二為農村器具。共六九件，皆為台灣昔日農村生活實物，其耕耘汗漬斑斑可見。

　　三為生活器物。共五六件，包括百工用具和一般民生器物，十足顯現台灣先民的巧思。

　　四為傢具。共三七件，除了有延襲自大陸明清時期的漢式傢具外，更有台灣先住民平埔族的家俱，其多元特殊耐人尋味。

　　常民文物是我們最常親近的東西，因此它的感染力應是最強烈的。這些舊時器物絕大多數都存在我們的記憶之中，但在現時代的生活中卻彷彿感到很遙遠。多虧有心人士刻意蒐集並保存之。我們認為這些文物不僅具備著一種藝術上的樸真之美，也由於它確實可見的先人手澤而令我們更興一種自發的鄉土情懷。期望透過這批文物的展覽能讓我們年青一輩更正確的認識台灣歷史文化源流及其所衍生的獨特意涵。

國立歷史博物館館長

Preface

If we try to verify the Taiwanese history from the written documents, the history is over seven hundred years. But if we examine the history of Taiwan from the ancient objects below the earth, the records tell us that there had been live people on Formosa since fifty thousand years ago. During recent changing years, Taiwanese history had developed and become a more spectacular and independent character in the world. However, most Taiwanese neglected their own cultural and historical treasures upon the bias values, and it is a pity for the Taiwanese.

The National Museum of History is the first national museum established by the government of Republic of China in Taiwan. The main historical responsibility of the museum is to present the five-thousand-year Chinese splendid culture, as well as to preserve and value the local (Taiwanese) cultural treasures. So the museum has not only systematically collected the cultural artifacts of the Republic of China but also carefully exhibited the collections during the past forty years. *The Popular Belief and Daily Life Seen from Early Taiwanese* Artifacts is one of our important exhibitions in which we present the spirit of the collections and research achievement of the museum. There are four important sections in this exhibition:

1. Religious objects: most of them belong to Taoism, and represent the customs of the Taiwanese.
2. Agricultural tools: farmers in ancient Taiwanese agricultural society used these objects.
3. Implements: these objects include working tools and the daily supplies. They construct the frame and the picture of the Taiwanese daily life.
4. Furniture: some followed the Han stylized furniture of the Ming and Ching dynasties, and some local aboriginal furniture had its native characteristics.

These artifacts were intimate and important objects in the ancient Taiwanese society, and are still vivid in our memory. We give the best thanks to the enthusiastic collector and donor for presenting the artistic beauty and truth of these artifacts. In addition, we wish this special exhibition help the new generations to understand of the Taiwanese culture and history deeply.

Kuang-nan Huang, Ph.D.
Director, National Museum of History

序

　　二十世紀台灣生活條件的演變可說十分鉅大，從世紀初以農業為主的殖民社會到戰後擺脫殖民色彩，發展工商業，許多新興城市崛起，人口大量移向新城市，民眾的生活內容也由平靜的農村情調逐漸因工商業的發展而趨向殊異多元；近幾十年台灣經濟的突飛猛進、社會公共設施的建立、服務業的快速發展，使世紀末的台灣不但城鄉生活水平拉近，還以科技島為目標走向國際舞台，邁向資訊化時代。民眾的生活與百年前相較，實幡然改觀。

　　雖然百年來社會的快速更新，使民眾的生活內容更豐富、更便利，但在享受豐厚物質之餘，也可能因今昔生活條件差異太大，而對先民遺留下來的文物更加無知。社會進步不表示對過去的否認，每一時期的文物都具有當時期社會文化內涵的意義，可以管窺一個社會成長的軌跡，了解當時其的生活文化精神，為社會成長尋得源流脈絡。因之認識古文物，一則可以溯根追源了解先民的文化精神，二則可以豐厚精神生活，提昇人文情操。

　　自由時報與歷史博物館合辦的「台灣常民文物展─信仰與生活」，展出的文物都是早期台灣一般百姓日常生活史用的物品，有些物品距今年代並不遠，但已被快速進步的物質取代，成為歷史的記憶；我們緬懷這些文物，如同緬懷先民生活於台灣這塊土地、開墾這塊土地的精神。無輪科技發展將我們帶領到如何先進的物質生活，台灣民眾內心裡仍有一股濃濃的鄉土情懷，藉由早期常民文物的整理與呈現，我們為這股情懷找到源頭。

　　偉大國家必然珍視先民留下的文物，視為該國人民生活文化與藝術創造的無上珍寶，並加以維護。目前台灣的常民文物尚缺乏官方大型的收藏與系統性的整理，感謝提供展品的有心收藏家，因其珍惜本土歷史，緬懷先民生活，對流散民間的文物加以蒐集維護，使我們在走向資訊化時代的此時，有機會回顧歷史文化，湧起飲水思源之情。

　　自由時報本著「台灣優先」的理念，長期關心本土文化，期與民眾共享先民遺留的文化精神，共同回顧先民文物、認識歷史源流、提升文化內涵，這也是們作為一個新聞傳播媒體對社會的回饋。希望民眾從這次的展覽裡，不只能夠對台灣早期人民的生活文化有所了解，也能因體念文化源流而對自己生長的土地有更深的認識、更濃的感情。

自由時報創辦人

Preface

The living condition of the Taiwanese evolved from the beginning of the century as an agricultural and colonial society in onward to the post-war era as an industrial and commercial society. As the population moved rapidly from the countryside to the new cities, the lifestyle of the Taiwanese became diversified. Taiwan developed her economy in an incredible speed during the past few decades, and also built up social public facilities and service industries so that the gap of life between countries and cities decreased at the end of the century. Furthermore, Taiwan is aiming at scientific and technological targets in order to be a citizen in the Global Village.

Although the change was evident and successful, the people used to be ignorant to the early artifacts that the predecessors left for us. Social evolution doesn't mean denial of the past. The artifacts of each era had their unique social and cultural meanings through which we can have a glimpse of our ancestors' tracks in the history and their spirit of life.

The Popular Belief and Daily Life Seen from the Early Taiwanese Artifacts, in which many objects used in the past daily life were exhibited, was organized by the National Museum of History and The Liberty Times. Some of the exhibits dated not so far from nowadays, yet they were still the memory of our history as the convenient modern materials have already been replaced them. We ought to cherish these artifacts as we cherish the spirit of our ancestors who once lived on this land which they cultivated. However the scientific and technological development leads us to an advanced material life, it is essential that this exhibition helps the public to search for the origin of our memories through these early Taiwanese artifacts.

A magnificent country always preserves their ancestral artifacts carefully and regards them as the priceless heritage that her people had created. The Liberty Times believes "Taiwan First" with caring the local culture and the ancestors' spirit. It is the media's responsibility to lead people to retrospect these artifacts and learn the origin of our history. Hopefully the visitors will excavate deeper knowledge and emotion through *The Popular Belief and Daily Life Seen from the Early Taiwanese Artifacts* towards this land where we all had grown up together.

Lin Rong San
Founder, the Liberty Times

目　　次

館序	黃光男	2
林序	林榮三	4
專文		
長歌歲月－談台灣文物的承傳	李吉崑	9
台灣文物的常民性格	蘇啟明	11
談台灣文物及其維護的課題	莊伯和	19
台灣傳統宗教文物簡介	李豐楙　謝宗榮	23
台灣民間信仰的生活世界	鄭志明	33
從農村文物看農家生活	簡榮聰	39
台灣「食」與食器	黃永川	47
台灣早期生活器皿概說	林淑心	55
敦厚之美－關於台灣早期傢具的一些觀察	陳勇成	61
展品圖錄		
Ⅰ 信仰		73
民間信仰用品		
Ⅱ 生活		153
農村器具		
生活器物		193
傢具		249
台灣早年大事紀（一六〇三～一九四八）		291
參考書目		297
後記		
談「台灣常民文物展－信仰與生活」展覽定名	張懷介	299

長歌歲月 —— 談台灣文物的承傳

李吉崑

　　朱子、曾文正公都留有文字家規，以訓示子孫，而木製、竹製的「家法」呢？不是打孩子的藤條，可有誰看過？

　　前人的還願，非三跪九叩不成敬意，而跪叩間也得有個伴手啊！於是手裡拿著「拜椅」，上頭插著三柱香，不遠千里地拜往北港媽祖宮。有誰聽過「拜椅」？

　　早期農耕時代，整地犁園都要靠牛隻，因此牛成為家中最好的幫手。然而牛是草食性動物，因怕牠吃農作物，所以要在嘴上套上「牛嘴籠」。早期的「牛嘴籠」是竹編的，家家戶戶都有，也可以說是項粗俗物。光陰似箭，今日的「牛嘴籠」因為當時的粗俗，而難得留下一件。如果，沒有文物「牛嘴籠」承傳下來，那我們的子弟又如何體會先民的生活智慧？

　　世界三大文明古國：中國、埃及、印度。而文化最早消失的是埃及，其次是印度，只有中國文化繼續承傳。但中國文化在滿清入關及文化大革命之後，便蕩然無存。

　　而文化又分原始文化、常民文化、及貴族文化。現今，地球上還藏有非常豐富的原始文化，如美洲、非洲。而台灣原始文化的文物，於中研院、台大、順益藝術館、省立博物館等等都有很豐富的珍藏。

　　然漢族的常民文化呢？在中國大陸，經過滿清異族三百多年的統治，及中共文化大革命的破壞，漢常民文化幾乎消失殆盡。至於元明時期，渡海來台的這支漢族常民文化，在先民胼手胝足的生活中，在五十年日本皇民化運動裡，及國府的不重視下，美麗的漢文化，正在台灣的一角，殘喘苟延。

　　文化應該是先民血汗的遺跡，人民生活的過程。在這島上，當政者只重視清宮遺留下的「故宮」宮廷文化，在民間已經嗅不到一點文化氣息了。文化既是生活的過程，過年過節，本該團圓做年糕、搓湯圓，今卻可在菜市場買到年糕、湯圓；元宵，沒有射燈謎，親子做燈籠，只有廠商集體花燈廣告；端午節也只剩龍舟競渡；中秋節的「挍中秋」（盪秋千），也早就不見蹤影了。而其他不勝枚舉的文化生活，也正在絕跡當中。

　　沒有文化的國家，沒有文化生活的國家，人民只有走上最原始的「物慾洪流」。

進入二十一世紀的今天，世界各已開發國家莫不以文化為導向，以文化立國、以文化吸引觀光客。文化需承先而啟後，本人有感於文化與文物對國家的重要性，以之，希望這批龐大的漢民族文物有個良好的歸宿，願我們的子子孫孫有幸了解先民的生活，進而認同自己的文化，以自己的文化為榮。

（本文作者為收藏家）

台灣文物的常民性格

蘇啟明

一、關於台灣文物的來源與分類

所謂「台灣文物」一辭目前在學術界並沒有明確的界說，惟習慣上都附在閩粵文物的系統內；其中以宗教文物和民間工藝（含戲曲）較受重視。近幾年來則以原住民文物（過去都稱山地文物）最受中外收藏界和博物館界青睞。

事實上，作為一個區域單元，台灣有它自己的文化特性，儘管其淵源與大陸中原文化主體脫離不了關係，但由於地理人文環境的差異，台灣文化確實一直存在著不同於大陸內地乃至閩粵沿海地區的自屬性格。這個事實可以從台灣文物的若干特點上找到。

首先，從來源上考查。早在與大陸漢人接觸之前，台灣的原住民便有自己的生活方式，如《太平御覽》東夷傳中引述三國吳丹陽太守沈瑩的《臨海水土志》，謂：

> 夷州在臨海東南，……眾山夷所居，各號為王，分割土地人民，各自別異。人皆髡頭穿耳，女人不穿耳。作室居眾，荊為蕃障。……能作細布，亦斑文刻畫；用鹿骼為矛以戰鬥，磨礪青石以作矢鏃刀斧。[註1]

在中國東南沿海的「島夷」中，除了台灣很難找到類似的風俗。

宋代（尤其南宋）以後，中國航海事業發達，澎湖已有漢人活動，元人汪大淵的《島夷誌略》便清楚記載：

> 島（澎湖群島）分三十有六，巨細相間，坡壟相望，乃有七澳居其間，各得其名。自泉州順風二晝夜可至。有草無木，土瘠不宜禾稻。泉人結茅為屋居之。氣候常暖，風俗樸野，人多眉壽。男女穿長布衫繫以土布。煮海為鹽，釀秫為酒，採魚蝦螺蛤以佐食，爇牛糞以爨，魚膏為油。地產胡麻綠豆，山羊之孳生數萬為群，……工商興販，以樂其利。地隸泉州晉江縣，至元年間立巡檢司，以週歲額辦鹽課，中統錢鈔一十錠二十五兩，別無差科。[註2]

同書另外記述了「自澎湖望之甚近」的台灣本島情形則是：「地產沙金、黃豆、黍子、琉黃、黃蠟、鹿、豹、麂皮。貿易之貨，用土珠、瑪瑙、金珠、粗碗、處州磁器之屬。……」[註3]

明代以後，漢人大規模來台開墾，同時日本、荷蘭、西班牙各國

亦環伺其間，台灣的人文環境就逐漸變得複雜了。統計從西元一三三五年元朝政府正式在澎湖設官治理以來，至二十世紀中葉，台灣先後歷經元朝、明朝、荷蘭、西班牙、明鄭、清朝、日本，及中華民國等八個政權的統治。這樣的歷史背景自然醞生了台灣文物的多元性來源，這是我們考查台灣文物時不能忽略的要素。

其次，從分類上考查。所謂文物，一般大致分造形及非造形兩類；前者包括各種美術工藝品，後者主要指文獻文書等。畢生致力推廣台灣工藝的美術家顏水龍曾寫過一篇文章專門討論台灣的造型文化，說：

> 所謂台灣文化，是指有關建築及生活用具方面的造型；也就是包括衣食住行、冠婚葬祭、宗教、娛樂的用器具等等。註4

顯然，顏水龍著重的台灣文物完全指造形文物。不過此處需特別指出的是，顏水龍所稱的「造型文化」係指設計出的文化型態，有別於一般所稱的「造形藝術」；他認為造型文化是生活的產物，會因時代不同而產生變化，會隨時代而發展，並成為具有時代特色的傳統造型，以此顯示時代文化的興衰。註5

然而前述這種文物分類，基本上卻與中國傳統的文物分類不同。蓋傳統的文物分類主要是從制度著眼，此從各種「志」書的內容即可得見。如鄭樵《通志》所特別標舉的十五略，便完全從典章制度沿革來講。他的「十五略」是氏族、六書、七音、天文、地理、都邑、諡、器服、樂、藝文、校讎、圖譜、金石、災祥、昆蟲草木。這十五略不僅是宋元以前文物制度史的分類大全，也是宋元以後各代文物學的依循範疇。台灣的文物分類是否也應當遵循這個範疇呢？我以為是可以商榷的。

台灣由於本身的歷史發展特殊，它不同於中國大陸始終維繫在一個世襲不替的中央王朝體制下，所以它所醞生的文物基本上不是制度性的產物。顏水龍便特別指出：原住民的文化、漢民族的文化、西洋（殖民）文化，及日本的文化是台灣造型文化的四大由來。註6 這四種文化對台灣文物（或文化）的影響不在制度面，而是在生活面；所謂興衰變遷之痕跡完全是一種生活方式的反映，而非制度上的更替沿革。準此而言，傳統志書上的文物分類似可不必用於台灣文物的分類，因為它不符台灣文物的產生性質。

依文物為生活產物的標準來衡量，我認為目前的台灣文物照其存在事實看，可以略分為：宗教用品、農工生產用品、建築家具用品，和一般日常用品四大類；當然這指的仍是造形文物，非造形的文獻文

書也有其特色，但暫不在本文討論範圍內。

二、結合現實生活的宗教文物

除了原住民外，台灣的民間信仰係以道教為主流。然而它又不像大陸的道教有正規的道院和儀軌；台灣的寺廟多存在於大街小巷中，早在移民入台之初，便成為移民社區的一部份，迄今猶然。在這種情況下，台灣的宗教文物自然而然的也處處反映著台灣人民的日常生活和習慣。

例如寺廟建築。台灣並不乏兩三百年以上的古老宗教建築，但台灣的廟宇絕大多數每隔四、五十年便要翻修一番，致台灣現存的古老寺廟大都已不見原貌。[註7]早期的移民生活艱苦，個別生活上不可能有太多的藝術享受，寺廟於是成為最重要的公共藝術之生活場所，它由村里各家集資興建，組織委員會共同管理，由簡陋逐漸擴充，卒至形成雕梁畫棟的大廟宇，往往都是經過幾代人的經營。

以建築形式言，台灣廟宇大抵仿造中國的傳統樣式，然在細部構成上則呈現著不同的藝術趣味。其中最引人注意的便是斗栱和雀替部分。台灣有規模的廟宇，其斗栱和雀替幾乎都竭盡所能的予以雕飾，所謂「憨番扛樑」便是最常見的製作，其繁複性往往超過實際的功能需要。為什麼要這麼踵事增華呢？主要原因不外是台灣人民無不把廟宇視為公共財產，斗栱雀替都如此費工製作，那信徒捐獻的錢帛自然是流向清楚了。台灣寺廟建築本身事實上便十足反映著一種常民心理。

神像是祭祀對象的象徵。台灣神像千變萬化，並沒有統一的格式，然由於約定俗成的屬性非常清楚，因此所表現的內在精神卻非常一致。鬼就是鬼，神就是神，聖便是聖，絕不會混淆。例如奉祀最廣的媽祖，儘管在造形上有黑面、粉面、金面之別，其慈航普渡的威嚴則是共同的神韻。又如俗稱「大道公」的保生大帝，一定是儒醫的造形，不可能做成兇神惡煞般的尊容。專管小鬼的七爺、八爺，基本是鬼，造形就很恐怖了。又如臨水夫人，總是以慈母的姿容出現，她在台灣民間又稱「鳥母」，是專門庇佑兒童和嬰兒的神祇。

台灣民間普遍認為萬物有靈，但無論何方神靈又皆有其性情，連帶的祭祀活動也要各投神靈所好，因此所發展出來的禮拜儀式和法術有非常大的差異性。我們到外地的寺廟去，即使尊奉的是我們素所熟悉的神，但往往仍要先弄清楚當地寺廟是怎樣的拜法，否則連插香的次序都會搞錯，這是每個台灣人都有的經驗。

儘管台灣的神像雕塑受到某些既成觀念的約束，如媽祖像的坐姿

應該端莊，臉部要豐滿；土地公應該是慈祥可親的老人等。然而，很多卓越的神像雕塑家們，仍能從這些範疇中，深入的表達人性與神性微妙的結合，使很多神像在寫實的基礎上，流露出神像應有的性格。這種出於人性內在的性格，能在神像中維妙維肖的展現出來，實在即是台灣神像的藝術價值所在。台灣人民藉著對這些神靈的崇拜，納精神信仰於現實行為之中，使得宗教成為日常生活的一部分，此與山林隱逸的出世氣味是完全不同的。台灣的宗教文物令人覺得有可親可近的特質，其根源便在於此種常民性格。

三、物盡其用的農工器具

考古資料顯示，台灣的本土農業起源極早。[註8]然而真正較進步的農業生產技術則是在荷蘭人據台以後才由大陸的漢人傳入。其後歷經明鄭之開拓，與清朝政府的長期經營，台灣的農業發展不僅與大陸合為一體，其生產效能甚至領先大陸沿海各省。現存的台灣早期農工器具，基本上與大陸華南地區的水田農作器具屬同一系統，說明其生產方式是差不多的。惟比較特別的是台灣農具頗能因地制宜，充分發揮農家物盡其用之本色。

例如竹材的使用就比大陸普遍且多樣。台灣農具中，從整地翻土到收成搬運儲存，幾乎每一種農具中都可以發現竹製品；即使是應當以鐵等金屬物為主體的切割工具，也有竹製的代用品。

鐮、刀、鋸、斧是整地伐木開墾階段最重要的工具，以鐵製品為主。據考台灣平埔族使用鐵製農具，大概是宋代才開始。[註9]在此之前平埔族仍使用石製農具，但已知砍竹為筏，可見竹材的使用在台灣歷史極為悠久。時至今日，農具雖完全機械化，但竹器在台灣農家中仍有不可替代的地位，固知其與台灣各階層人民生活之密切了。

台灣農耕作物非常多樣，此點從農耕器具的多用途使用也可看出。例如脫稻穀用的「連枷」，不僅用於摔打稻穀，也可作為剝除豆夾的器具。又如「石臼」，這是一種非常原始的農業工具，可以除堅果、穀皮等，在台灣農村運用極廣；除了作為稻米基本的去穀工具外，也用來舂輾米粄、芝麻、小米等雜糧，其形制有大有小，隨作坊條件而有不同，是用途最多的農產品加工器。

油和糖是台灣兩大經濟作物，其工具也非常特別。台灣食用油的來源作物是花生、芝麻，和菜籽，皆為明鄭時期由大陸傳入，種植於較乾旱的砂地上。採收後都要經過「炒」的程序，然後再以石碾磨成餅，最後才分別以蒸、踩、榨等方式取出油來。台灣幾乎一兩個村里就有一座油坊，而油坊內的石碾多為就地取材的石料鑿成，與舂米的

石臼適相映成趣。

　　榨糖的主要工具也是石製的，叫做「石車」。台灣大概在宋元時期便已從大陸傳進甘蔗種植和榨糖之法。農家在春分前後種蔗，在初冬霜降前採收，然後送到糖廍榨糖。榨糖的工具即為石車，要用牛才拉得動。為期堅固耐用，石車的石材都以產自大陸的花崗岩打造，有青斗石、隴石、泉州白石等；每座石車往往重達數百千斤，一但起動後，便日夜不停。今天糖廍早不存在，但在台南、高雄鄉下仍隨時可見當年散置的石車。

　　石臼、石碾、石車在人類生產史上都是很古老的工具，可以說是石器時代的遺物。台灣自有農業以來可能便已使用這些工具，直到機器發明後才逐漸替代之。以數量言，它是次於竹製器具的農具，是構成台灣早期農工器具的主體之一，其常民性格便在於它善於向大自然取材。

四、樸中寓巧的傢具和日常用品

　　傢具與一般日常用品的製作是古代科學的產物，自從漢人大量移入台灣定居後，漢化生活方式也逐漸成為台灣人民的主要生活方式；表現台灣人民生活方式最直接的文物自然莫過於家具和一般日常用品了。

　　早年往來台灣和大陸的漁船，偶而也兼營磚瓦、木料的貿易，惟罕見有整批傢具之裝運交易者。註10然而今日所見的台灣明式或清式傢具又從何而來呢？據推測早期台灣大戶人家所用的明式或清式等古典傢具，絕大多數都是大陸工匠師傅在台灣就地製作而成。例如台灣大戶人家娶媳婦習慣上一定由夫家自備新婚夫妻的「紅眠床」，此類紅眠床即常由大戶人家專門聘請「唐山」師傅渡海來台，然後住在該大戶人家中慢慢製作雕琢而成，其工時往往二、三十年。這種情形在清代中期的台灣西部行郊商戶人家十分普遍。講究的人家，甚至會依唐山師傅需要派人專門到大陸去選購木料，其中福州杉是最受歡迎的高級用料，有時一等又是好幾年。大部分的台灣明式或清式古典傢具都是這樣來的。

　　一般而言，由於製作傢具的師傅是專門聘請來的，待遇較大陸好，在大戶人家的長期資助下，製作環境較穩定，所以台灣的早期古典傢具藝術水準皆較同時期的閩粵地區為高。其精巧處並不在於如何繁文縷刻之裝飾，而是在於有更多的機巧。台灣早期大戶人家除少數直接由大陸來台經商致富者外，大多數都是經過相當艱困的漫長開墾歲月才積富起來的，因此習慣上不大喜歡在家居日用器具上過分招

搖，這使得他們延師製作的古典傢具大都呈現刻意的簡樸造型與漆色。這種常民性格是台灣古典傢具與大陸最大的不同處。

日常起居飲食的用品則反映了台灣民間各式各樣的風俗習慣；有些用品的擺設和使用還有若干禁忌，更說明台灣早期墾民社會的特質根深蒂固。例如早期移民多為隻身渡海來台，三餐都要自己打點，其炊具多為自做，往往因陋就簡，一物多用，久之竟成為台式炊具的特色。又如澎湖一帶居民喜歡將炊煮食物用的小火爐置於屋頂上，據說有辟邪招寶之意。考其習俗來源可能即與漁人在船上的炊煮習慣有關；蓋火爐連日置於船艙底下容易受潮，且餘火易生危險，故漁人常於日晒充足之際將艙底的火爐移置甲板高處曝晒。這種習慣被帶上陸地後就演變成家屋上的辟邪物了。

又台灣民間無論貧富，一般都不大喜歡使用鏡子，在某些喜慶場合甚至視為不祥物品而要避開。此與早期墾民物資貧乏的現實生活亦有關係。現存台灣日用文物中罕見銅鏡或玻璃鏡等照面用品，即使玲瓏透剔的梳妝架上亦乏鏡面裝置痕跡，殆與此種特殊的常民習慣有關。玻璃鏡面之不受早期台灣人民喜好的事實還反映在宗教用品上，如台灣民宅也延續大陸風俗，常在門楣上掛八卦「鏡」以避沖；但事實上早期的台灣民宅八卦「鏡」多為木製或陶製，未見任何具有反光作用的「鏡」。

存在的文物固然表現了先民的生活情況；而不存在的文物事實上也一定程度上反映了先民一些風俗習慣或生活條件，同樣需要我們留意。

(本文作者現為國立歷史博物館展覽組主任)

註釋：

註1：《太平御覽》，卷七八〇，東夷傳。
註2：汪大淵，《島夷誌略》，轉引自曹永和，〈早期台灣的開發與經營〉，收於氏所著《台灣早期歷史研究》，台北，聯經出版公司，民國六十八年。
註3：同前註引書。
註4：顏水龍，〈台灣區造型文化〉，刊於《歷史文物月刊》，台北，國立歷史博物館編印，第七卷第九期，民國八十六年十二月。
註5：同前註引文。
註6：同前註引文。
註7：例如台北龍山寺，開建於一七三八年，兩年後落成；一八一五年首度重修；一八六七年又修一次；至一九二〇年又大修。總計前後經過三次翻修才形成今日的規模。見李乾朗，《台灣建築史》，台北，雄獅圖書公司，民國六十八年，頁二一〇～二一一。
註8：據林朝棨研究，距今四千多年前的大坌坑繩紋陶文化已有農業。引見吳田泉，〈台灣之農業發展〉，刊於台灣銀行季刊第四十卷第三期。
註9：同前註引文。
註10：參見林滿紅，《兩岸經貿交流》，台北，自立報系出版社印行，民國八十五年再版。

參考書目：

劉文三著,《台灣宗教藝術》,台北,雄獅圖書公司,民國六十五年。
簡榮聰著,《台灣客家農村生活與農具》,台北,中華民國台灣史蹟研究中心,民國八十年十二月。
黃文博著,《南瀛民俗誌》,台南縣立文化中心印行,民國七十八年。
曹永和著,《台灣早期歷史研究》,台北,聯經出版公司,民國六十八年。
李乾朗著,《台灣建築史》,台北,雄獅圖書公司,民國六十八年。

談台灣文物及其維護的課題

莊伯和

今天大家對於「台灣文物」這樣的名稱不致於陌生吧？有台灣就有台灣文物，應該是天經地義的事。

如果把時空往回推溯，例如二十年前吧！可能就有點問題了；不是說那個時候無有台灣文物，何況文獻委員會、文獻課之類的各級政府單位，早已存在，負責的即是台灣文物的調查研究工作；換言之，當時台灣文物的數量應該比現在多得多，只是並未受到該有的重視。原因之一，台灣研究在當時不像今日已成檯面上的學問，二是一向在「中華文物」的光環下，不易出頭。

例如王國璠《台灣鄉土文物淺說》一書引言：「中華文物，是我們民族精神締造的血脈，也是我們民族文化發生的力量。就其藝術本質，出品數量，價值觀念而言，世界上還找不到一個足以抗衡的對手，所以中華文物在國際鑑藏家的眼光中，一直被視為稀世奇珍，超國境的瓖寶。……台灣，雖海中一島，然遠在三國吳大帝黃龍年間，即已締結深密關係。明末清初，更正式列入版圖。島上居民，自北宋以還，均自濱海諸省次第遷徙而至，故文化實質，亦助中華文化實質的一環。溯自延平開府，迄今三百數十年中，前賢遺物，莫不治縱古往。故金石之類，翰墨之什，幾與中原無異。至是造作形態，造作技術，更是一脈相傳，不稱變易，即使偶有抗峙之處，也祇是外在影響，毋關宏旨。當前全國上下戮力同心，共赴文化建設。台灣故有藝術，豈容有所漠視。……」按此書約出版於民國六十年代末期至七十年代初，整個引言約二千四百字，提到台灣竟不過三百字左右，而且絕未敘述台灣文物的「個性」。王先生曾任職台北市文獻委員會多年，對於台灣書畫之物研究，向被目為啟業者之一，而著書之說仍如此低調，可見當時文化環境之一斑。

說這話的意思，並不意味台灣文物研究永遠處於暗境，起碼在諸先賢、先輩的關心、努力下，早已奠定基礎，也才有今日熱絡的局面。

台灣文物所指為何？今日所謂「文物」的概念，涉及範圍似乎很廣。

《中文大辭典》對「文物」的解釋是：「謂禮樂制度。」《辭海》除謂禮樂制度外，又指「文人」；《辭源》更為清楚，一是：「舊指

禮樂典章制度」，二是：「具有歷史、藝術價值的古代遺物。」

而日本的《大辭林》則把「文物」解說為：「法律、學問、藝術、宗教等與文化相關的物事。」《廣辭苑》則說：「文化之所產，法律、學問、藝術、宗教等與文化相關之物。」

我國近代文明事物多有自日本轉口輸入者，也引進日本人對原有漢文名詞在近代的解釋，「文物」似亦其中之一，此處所謂「文化之所產」，其實已切中說明其意義。

民國七十一年五月，「文化資產保存法」公布，其第三條：

「本法所稱之文化資產，指具有歷史、文化、藝術價值之左列資產：

　一、古物：指可供鑑賞、研究、發展、宣揚而具有歷史及藝術價值或經教育部指定之器物。

　二、古蹟：指古建築物、遺址及其他文化遺蹟。

　三、民族藝術：指民族及地方特有之藝術。

　四、民俗及有關文物：指與國民生活有關食、衣、住、行、敬祖、信仰、年節、遊樂及其他風俗、習慣之文物。

　五、自然文化景觀：指產生人類歷史文化之背景、區域、環境及珍貴稀有之動植物。」

條文中雖只有第四款明白指出「文物」一詞，其實前四款應都可以用目前學界較具共識的「文物」觀念來加以界定的。

再看民國七十三年二月公布的「文化資產保存法施行細則」，其第二條：

「本法第三條第一款所稱器物，指年代久遠之禮器、樂器、兵器、農具、舟車、貨幣、繪畫、法書、雕塑、織物、服飾、器皿、圖書、文獻、印璽、文玩、家具、雜器及其他文化遺物。」

我們甚至可以說，這類用視覺、觸覺來認識的「器物」（具有歷史、文化、藝術價值的），才是一般人最容易了解的所謂文物。古物、器物、文物可能三位一體，但又各具其自己的獨特含義，像器物（現代的）不一定是古物、文物，文物也不一定就是相當「古老」的古物。

後人了解古代的禮樂典章制度，靠的就是遺存下來的文物實體，若從歷史的觀念來看，有人偏重其歷史而謂文物即古代遺物，究竟多少年以上的遺物才算文物呢？八十年以上？百年以上？或說百年古物不准出口，那麼某種不是百年的民俗器物就能讓它源源流失嗎？例如台灣木刻年畫、民俗版畫，三十年前猶可一見，如今或因舊俗沒落或

製作技術改變，這些舊有遺物反而較目前大量自大陸流入的漢唐陶俑更為難尋，那麼在文化、經濟環境變化激烈的現代，即使只是三十年前的遺物，是否就不能視之為文物而加以珍視呢？

再如記錄風俗制度的契約、文書，原本自然保存於民間，當因家族解體、舊屋改建、法律約束力消失等因素，它可能就被視為廢紙一張了，而實際上它的文物價值卻不容忽略。

日據初期，日本人即組「臨時台灣舊慣調查會」或「台灣慣習研究會」等，從事台灣舊俗調查，如前者之成果報告書《台灣私法》之敘言即謂：「清廷統治台灣二百餘年，律例、會典、則例、省例等法律雖然未必厲行，但可謂台民已有相當程度的認識。本報告書仍照原定目標搜集有關資料，如舊記、雜書、諭告及碑記等，凡有尋求慣習價值者，雖是斷簡零墨亦涉獵，尤其在民間授受的契券是探求慣習真相的最佳資料，所以儘力蒐集加以研究……。」儘管當初的調查有其實際的目的，而今卻成珍貴文獻，台灣省文獻委員會更加以中譯發行，足見其文物價值。

中國人本來最具歷史意識，古人常視三代鼎彝為國家象徵，從家族的立場來說，在青銅器上銘刻「宜子孫」、「子子孫孫永寶用之」，也反映出希望藉文物流傳，達到家族命脈代代相傳的目的。

然文物之保存維護十分不易，宋代趙希鵠《洞天清祿錄》把文物依流傳狀況分為「傳世古」與「土中古」兩種，前者指文物在地上由人傳人，一代傳一代，以至今日；後者指文物因某種原因埋入土中，待被發掘出來後，重見天日。中國以其幅員廣、歷史久，本應擁有豐富的「傳世古」文物，實際的情況反而因多次災難使傳世文物歸於泯滅，只好往地下尋寶，成為文物的「土中古」國度。

漢人大舉入墾台灣的歷史不過四百年，按理傳世古文物易尋，事實不然，今日欲求明鄭文物竟難上又難。

連雅堂《雅言》第一三八則，曾對〈延平邵王墓誌〉無法留存而有所感觸：「……且當東都建造之時，無所忌諱，則王之功勳文采昭然炳然，又何至搜求缺漏哉！而最可恨者莫如舊時府、縣各誌，王之事蹟既不敢言，即王之墓址亦不一載，執筆者之獻媚新朝，亦可鄙也！」第一五三則又言：「……曩讀史書，常怪改朝易代之際，輒將從前建築多方破壞；此雖除舊布新之意，而後之來者，寧不恨其不文。台灣三百年間，民族盛衰，一起一落：荷蘭、鄭氏之物，清人毀之；清人之物，今（指日據時代）又毀之。是豈因果循環之理？不然，何其如出一轍邪！」

連氏如此感嘆人為破壞是文物無存的最大原因，相形之下，不畏艱難的文物維護者，更加難得。

如在連氏之前兩百年，有一位關心明鄭文物的佚名者，刻意為後世留下《延平二王遺集》（國家圖書館收藏），原來這集子是手抄本，抄者未署年月姓名，大約是在清雍正七年（西元一七二九年）前後，文字獄繁興的當時，擁有前朝之一紙一字，正犯了大不韙；有一日，抄者前往表侄家，見延平二王舊集，循讀再三，擬借回家中，但表侄不許，只好趁當晚主人熟睡後，急抄一遍，再將書放置原處。半月之後，表侄氣急敗壞而來，稱當晚有書僮目擊抄書事，今「原本」已付祝融，但索抄本回去燒燬；抄者嚴詞拒絕，最後邀親友聯保，表侄才恨恨離去。抄者不久大在東海夫子呂氏處見到鄭經墨諭，於是附錄於二王詩後，呂氏一族接著卻因文字獄慘遭滅門，原藏墨諭也化為灰燼。

幸賴抄者之冒險精神，鄭氏父子文字才得以流傳天壤之間（今由世界書局印行，收入《民族正氣叢書》），抄者並有跋文：「……幸存于此，弗致湮沒。倘他日文網稍寬，得以流傳，俾後人得見真跡，亦天之厚愛二賢王也。所以巧手遇合，輾轉獲存，真有神靈呵護。」

由這個例子，我們當可了解在歷史進展中，人為因素實讓文物的存在充滿危機，任何的維護措施，除了可佩的使命感使然外，也有無心插柳柳成蔭的情形，但目前如果是一個文化意識高漲的時代，運氣就不應該是維護文物的必然因素了。

文物是文物的見證，此次國立歷史博物館舉辦「台灣常民文物展－信仰與生活」，尤能有所詮釋，從李吉崑先生的藏品分類屬性來看，「民間信仰用品」適足以說明台灣民間信仰、宗教儀式、廟宇建築附件等等層面，象徵民眾的心靈生活；「農村用具」具體代表台灣農業生產的技術，其他「器物類」、「生活用具類」、「傢具類」也都彷彿讓人看到了生活文化的各種內容。重要的是它們並無貴賤之分，也絕非只有古董、稀有、金錢價值才能說明它的存在意義。

目前台灣文物似乎洛陽紙貴，或因公私收藏之需，成為各方搜求的對象，尤其民間也因研究需要，或純因興趣之所好，收藏意識已相當普遍，如果能蔚為一股全民維護文物的風氣，可以說，已踏出提昇文化水準的一步了。

（本文作者為民俗藝術學者）

台灣傳統宗教文物簡介

李豐楙、謝宗榮

　　明末以來，閩粵一帶漢人大量移民台灣，也將傳統的宗教信仰一併帶來。由於先民在入墾初期，強烈感受自然環境所帶來的不確定性，諸如：對於航行時台灣海峽「黑水溝」的險惡無法掌握、台灣原始地理氣候的變化適應困難、以及與原住民各族相處不易等，凡此都對生命財產造成嚴重的威脅，故先民愈加依賴宗教信仰，期望藉由神祇的庇佑，以克服種種困難。因此隨著漢人移民群在台灣的發展，傳統信仰也由「內地化」而逐漸「在地化」，呈現出與閩粵原鄉不完全相同的風貌。

　　台灣傳統信仰的主要特色，即是教義、儀式及組織等，與其社會生活制度混而為一；而其信仰內容，諸如祖先崇拜、神明崇拜、歲時祭儀、生命禮俗、符咒法術、以至宇宙觀等，也多與日常生活混合而深入影響其生活層面。而在宗教信仰的本質上，乃是以自然信仰、祖先崇拜為基礎，融合儒、道、釋三教而成為一種綜合性的信仰，因此所崇拜的神祇比較繁雜，不似一般制度化宗教之具有單一的教主、嚴格的教義與信徒組織，故以祠廟為主的信仰、祭儀及其相關活動就成為信徒主要的精神寄託。這種信仰特質反映在有形的層面上，即是神像、祭祀用具、廟宇建築裝飾等，品類眾多，製作考究華麗。如此隨著歷史文化的進程，宗教信仰的相關文物在品類或形式風格上，也明顯呈現出「在地化」發展的趨勢。

　　由於信仰習俗與日常生活相混合，故品類眾多的器物有宗教信仰所獨有的，也有來自生活器物、戲曲器物及武器儀杖等之運用，因其宗教功能而轉化成為信仰器物。這些物品可依其功能而大致區分為神像、祭祀用具、法器、寺廟文物及辟邪吉祥物等五大類。除可反映信徒的虔誠心理，其器物本身也是珍貴的宗教文物，可藉此理解漢民族信仰精神，並可發現民間工藝的民俗風格，在精緻細膩的工藝製作中表現其神秘而神聖之美。

一、祭祀主體（神像）

宗教文物中其祭祀主體即為各種形式的神像，以及相關的文物如神座（神像椅座）、神龕等。神像是神祇的具體象徵，亦是宗教祭祀的主體，尤其台灣民間所信仰的神祇龐雜，對於崇拜對象的形象塑造更是

重視，因此也帶動了神像藝術的發展。台灣神像的雕造與供奉源自於大陸閩粵一帶，但在傳承與開創上則是隨著三百年移民文化的發展，逐漸呈現出在地文化的風貌。神像的式樣繁多，大多數為擬人化的造型，有時也以神位牌、令牌、手轎等形式作為象徵；而神像的製作過程，則呈現出工藝技巧與儀式行為的結合，細膩地表現出傳統信仰的一些特質。由台灣的神像藝術與廟宇的裝飾藝術、信仰文物藝術等意象，也可明顯看出民間藝術與宗教信仰的密切關係。

(一) 材質尺寸

神像的製作可分為平面與立體兩類，以立體居多，而製作神像的材質凡有木、金屬、土、石、陶、紙等，但以木質佔絕大多數。又有硬身與軟身之分，硬身神像通常為整塊木頭雕鑿而成；而軟身神像則指神像軀體由數部份組成關節可以活動的，或是由灰泥夾紵外加彩繪塑成，軀體是中空的神像，一般都較巨大。

台灣石質、陶質神像較為少見。紙質神像凡有兩類，即紙糊與繪製印刷，紙糊神像目前都作為道壇法事之用，法事完畢後隨即燒化，如建醮時的老君像、官將像及山神、土地與監齋羽林大神（民間習作大士爺、普陀岩）等；早期也有用紙糊方式製作祭祀用神像，通常十分精細小巧製作不易，是民間糊紙工藝的精品，故民間匠師慣說：「一紙、二土、三木、四石、五金」。另外有一種以木刻印製的神像稱為「神禡」或「紙禡」，供信徒請回家中張貼供奉，現已較少見到。此外廟宇大門上常見的以彩繪或雕刻方式繪成的門神，雖然裝飾意味濃厚，但也具有神像的功能。

立體神像的尺寸很多，但有一定的規矩，一般最常見的大小有台尺七寸二或九寸六，其他稍大的有一尺二寸、一尺三寸半、一尺六寸、一尺八寸、二尺二寸、二尺四寸、二尺六寸、三尺二寸、三尺六寸，而較大的如五尺一寸半、六二寸、六尺三寸半，則為廟宇主神神龕上奉祀之用；其神像尺寸通常會依照行事需要來製作。

(二) 派別風格

木雕神像的風格因其「派別」而有所差異。主要以泉州、漳州、福州三派佔絕大多數。其中福州派在傳統脫胎漆藝有優異的技術傳承，加以採取開放授徒的方式，故至今繁衍眾多，廣布全台；而泉州派、漳州派則採取比較保守的家傳方式，發展上較受限制。因此福州派的人手較多，一些大廟的外場多屬於該派作品。

在神像風格上，泉州派神像注重神像的架勢，在雕鑿過程中注意大略格局，而在完成初胚後以黃土與水膠混合敷飾神像表面，使到神像外型美觀，目前多分佈在彰化、鹿港、宜蘭等地。漳州派則較注重初胚後的精緻修整，在本質部份以細緻的琢磨修整神像表面，已近於完成階段。福州派則緣於脫胎漆的作法，在木雕初形完成後，較注重披土與裱紙的工作，做得較多層，對於紋身的線條有較精緻而細密的表現，神像的體態較為修長接近人身比例，且製作速度快，故分佈較廣。

(三) 製作方式

台灣佛像的製作以木雕神像最為考究，且依例必須配合一定的宗教儀式，其過程大約為選材、擇日開斧、初胚、修光、磨光、上黃土、二度磨光、入神、作線、按金、彩繪、開臉等。木雕神像在比例上，通常立姿為一比六或一比七，坐姿為一比五，蹲姿為一比三；開始雕造之後習慣上配合木材生長紋理由下往上雕，一者神像的頭必須在木材上段，一則是為避免先雕成頭部之後，若有碰撞對神明是不敬的行為。初胚雕成之後，再作繁複的表面裝飾工作。此外另有一種木雕神像，在製作時將四肢與身軀分開，待完成後才接合，穿上多層神袍，民間稱為「軟身神像」。其姿態多為坐像，大小不一，但近代在台已少製作而多從福建迎來。

(四) 宗教儀式

台灣神像雕刻相關的宗教儀式，主要為：開斧、入神、開光點眼。開斧必選吉日吉時，雕刻師傅燃香唸咒後，即就事先選定的「神材」開鑿，開始雕刻；入神通常在神像定型後，由師傅或法師、道士擇時畫符施法，將事先準備好的「寶物」(五寶、七寶、五神物、五穀、五色線等) 安入神像背後的洞中封住，再供於神桌上，燒金紙告神之後，即完成入神儀式；近來為了順應時代的變遷，入神儀式經常會與開光儀式一併舉行。開光點眼則由師傅或道士、法師經一特定儀式後，即用寶鏡將陽光折射於神像之上，再用筆將神像上下逐一敕點，並一面念咒，完成儀式。開光後的神像便可綁於神轎 (輦轎) 上，待真神降臨之後即完成一尊神像的製作過程。

其餘材質的神像製作過程雖未若木質神像般考究，但開始製作的擇時祈請，製作完成前的開光點眼儀式仍舊是不可或缺的。

二、祭祀用具

傳統信仰為了對神祇祖先表達崇奉敬意，或達到人神溝通的目的，除了以各種食物做為牲禮供品，並以各式金紙加以敬獻之外，祭祀用具亦是不可或缺者。傳統祭祀用具品類眾多，有直接用以供神者，如神轎；有以之盛裝供品以供奉者，如香爐、薦盒等；亦有以之用來請示神意者，如杯筊、籤詩等。

(一)神轎

神轎通常以木雕手法裝飾，依照其型制與使用情況，可分為八人轎、四人轎、手轎三種。八人轎又有文武之分，差別在文轎有「頂」，武轎則無。文轎的製作通常較為考究，尤其媽祖所專用的神轎又稱為「鳳輦」，是比照古代后妃的儀規，其製作的工藝水準頗有可觀；武轎一般指「武神」所乘的神轎，如王爺、關聖帝君等。四人轎規模較小，除了供神明出巡乘坐之外，有時也由乩童扛抬作為與神明溝通的媒介。手轎則高度不出一尺，作四腿雙扶手的靠背椅形式，依傳統慣例並不安奉神像，僅在轎上靠背處貼一道神明的符令表示如神在，及至日據時期官方為避免民眾迷信，要求需於手轎上設置小尊神像，故今仍有少數手轎有安奉神像的現象。手轎是專用於乩童與神明溝通的媒介，通常由兩個人各握轎子的兩隻腳，在作法時傳達神明的指示，屬於法器。

(二)神桌（供桌）

神桌一般分為上下桌，上桌稱神案或案桌，為長條形，高度及肩以上，專供安奉神像之用；下桌為正方形，稱為供桌，高度與一般飯桌相似，供放置祭品以及木魚等法器用，民間又稱為「八仙桌」，一般廟宇通常會擺上兩張以上。台灣的神桌通常沿襲清末閩南式的作法，除了裝飾偏於繁瑣之外，造型結構也較厚重且多曲線，風格與傳統明式家具有很大的差別。

(三)香爐

香爐是祭祀必備的重要用具，依其祭祀對象而有祭神、祀鬼用途的不同。祭神用的香爐有兩類，一種為祭祀玉皇上帝專用的「天公爐」，通常為金屬鑄成，作高足「鼎」的造型，體積也較大，置於室外向天處或拜亭；祭祀一般神明的香爐，材質有石、陶、金屬等，通常置於神桌上；祭神用的香爐依例為圓形。而祀鬼用的香爐與祭神用香爐大

小材質相差不多，但通常為方形，乃源自於「天圓地方」的觀念，如、有應公、祠堂、公媽廳祭祖等所用的香爐即為方形的。

（四）薦盒

祭祀用具又稱「敬盒」，造型宛如神案的縮小，一般為木質，雕工精巧，經常置於上供桌中央香爐之前，其上方平台用來放置酒杯（通常為三只）以作為獻爵（獻酒）之用，通常於祭祀時分三次添酒，稱為一巡、二巡、三巡，一般多用於家庭祭祀神明或祖先，一般寺廟較少使用。

（五）香筒

香筒為傳統家庭或廟宇中放置香枝的筒狀器物，其造型與筷籠相似，其材質常見的有木、錫、陶等，在筒身上多以吉祥題材紋樣作裝飾。但由於香筒是放置線香（柱香）以供祖先或神明之用，故作工較為精緻，表現人們對於祖先神明的虔誠敬意。

（六）燭台、油燈座

燭台用來固定蠟燭，油燈座則用來盛燈油，兩者通常置於神案兩側以祭獻神明。其結構一般分為兩部份，通常在下半部的台座部份比例比較大，製作也較為考究，其造型豐富，常見的有麒麟、人物、龍鳳等；其上端則用來固定蠟燭或盛放燈油，形式較為簡單。在台灣燭台的造型中，常見一種台身主體採用蟠龍纏繞的紋樣裝飾者，又稱為「龍燭」；此外也有在燭台上端又飾以鳳紋者，稱為「龍鳳燭台」，是燭台中型制最為考究的一種。

（七）斗燈

醮典或禮斗法會時供信眾認捐祈福之祀具，米斗內放置寶劍、剪刀、秤、尺、鏡、燭火缽與涼傘、南北斗形象等吉祥辟邪物，除了五行俱全之外，各種器物均各有其象徵意義。其中寶劍與剪刀屬金，可以辟除不詳，剪諧音「家」以祈全家增祥，秤與尺屬木，秤以之秤一家福分，尺用來橫量是非善惡，南北斗象徵南北斗星君，此外有燈心或燭火置於土缽內屬土，中有水有火，置於圓鏡前，點燃之後火光照耀鏡中，閃耀通明，以此祈求全家「元辰光彩」。

（八）筊筶

筊筶與籤筒是信眾祈求神明指示時常用的用具。筊杯在台灣慣用「筶」（讀音 Poe、同杯），其形狀為兩片相對的新月形，大小無一定制，以雙手能取握為主，凸起的一面為正（或陽），平面一邊為反（或陰），材質通常為竹頭或木質；以「擲筊」（拔筶）的方式請神指示，落地時一正一反為「聖筶」，表示神明的肯定；兩片皆反為「伏筶」（讀為 Kap Poe、民間也有稱為「哭杯」者），表示否定的神意；而兩面皆正則稱「笑筶」，表示神明不置可否。

（九）籤筒、籤枝、籤詩

籤筒通常與籤枝、籤詩合用。籤筒通常置於供桌的旁邊，較高的高度及腰，材質有竹、木或金屬，內置籤枝。籤枝與籤詩的數目一致，上面記載著籤詩的首別，通常為竹或木片製成，供信眾問神時求取。籤詩一般以四句詩為一首，信眾透過詩文來瞭解神明的旨意。籤詩一般有三十六首、六十首、一百首、一百二十首等區分，有吉有凶，最吉的籤稱為「上上籤」或「籤王」，最差的籤為「下下籤」。就類型來說，籤詩又有所謂「運籤」與「藥籤」之分，運籤求的是運道，而藥籤則是求疑難雜症的解決方法；運籤幾乎凡有接受求籤的廟宇都有，而藥籤則通常以廟宇主神有醫事靈力的才有設置。

（十）紙錢（印版）

民間相信金銀紙為鬼神世界的貨幣，一般有金紙、銀紙、紙錢等三類。金紙用於祀神，銀紙用於祭鬼（祖先），紙錢則因其名稱不同而用於鬼神祭祀。在祭祀時燃燒紙錢以示對神祇的崇敬，以求其降福消災；而對於過世之人而言，則是供給陰間所需的錢財。銀紙一般只有大銀、小銀分，金紙與紙錢則十分多樣，因其祭祀對象的階層、身分不同而各有其名稱與用途。紙錢的製作運用了傳統的版印技術，其雕工精美的印版也常成為珍貴的宗教信仰文物。

三、宗教法器

在台灣傳統信仰中，為了達到人神溝通的目的，發展出諸多繁複的宗教儀式與祭禮，這些祭儀在舉行時，除了以人的動作、語言、歌聲等主要行為之外，各種法器、祭物、供品、音樂之運用更是祭儀進行時不可或缺的元素，共同組成了多元性的傳統宗教信仰之物質文化面貌，也因而發展出豐富的宗教藝術，甚至與地方性文化特色結合，深

深影響了各種地方藝術的發展。

在宗教儀式進行時用來配合儀式動作的諸般器物，主要是前場的宗教神職人員如道士、法師等所使用，通常用來召喚神靈官將護法，如七星劍、奉旨、五雷令等，或是以之辟邪驅煞，如水盂、武器、法繩、龍角等，還有就是以之節制儀式之進行或誦唸經咒者，如帝鐘、銅鈸、木魚等，而民間相信這些法器本身也具有一定的法力，故常被單獨作為辟邪厭勝物使用。

(一) 道壇法器

道壇的儀桌上經常使用的法物，其中為高功及引班配合使用的，有水盂作盛淨水之用，高功及引班持以灑淨，七星劍用以敕召四靈；又有奉旨，高功持以節前、後場；五雷令則用以敕召官將吏兵，特別是發表送符令時；法印則多在疏、關諸文及開天符命時使用。高功旁有都講、副講，通常使用銅鈸及磬；如靈寶派（烏頭道士）多引班、侍香可持劍及水盂等，也可以敲擊木魚及銅鐘（稱為金鐘）。此外還有帝鐘，又稱「三清鈴」，頭作三叉以喻三清，高功及都講均用以節誦唸經咒，具有傳遞及節制之用。而缽與木魚為儀桌上必備的法器，供念經禮懺時，作為提醒及節拍之用；此外常見的道壇法器尚有天蓬尺、符令、水盂、墨盤等。

此外，道士於升壇行科時必須穿著法服，如罡衣（絳衣）、道服、海青，頭戴網巾、金冠；高功並於冠上插仰，足登朝靴，手持笏板，項掛朝珠等。這些相關的器物，道士以之與神祇溝通，故亦可視為道士壇用器。

(二) 法壇法器

紅頭法師如閭山派、三奶派、普庵派、徐甲派等，平常以改運、祭煞為主，神誕時亦能行吉慶事，由於通俗且多業餘者，故在民間的法術部份具有其影響。法施行法所用的法器有師刀、龍角、法繩、法尺、鐵劍、鯊魚劍、五營旗、銅針、刺球等，作為刑法驅煞或調營遣兵之用；此外法師所穿用的衣物，如法冠、龍虎裙等，是法師身分的重要象徵。

(三) 一般法器

除了道士與法師所用的法器之外，尚有許多儀式用品也是重要的宗教法器，主要有道壇裝飾用品與後場樂器等兩類。

道壇裝飾用品主要為：繪有各種神像的掛軸，如三清、玉皇與紫微、三官大帝、天師與北帝、四府眾神、朱衣公與金甲神等；書有神祇名稱的神牌；以及供神靈上下所用的雲路等。而後場樂器主要有文場的吹（嗩吶）、二弦（殼仔弦），以及武場的通鼓、小鼓、銅鈸、鑼、木鼓等，共同組成小型樂隊，其演奏則作為道壇行科演法時的氣氛襯托之用。

四、寺廟文物

寺廟即是傳統信仰中心，由於傳統社會中神祇崇拜興盛，為了表示對於神祇的敬獻，匯聚村落信眾的力量聘請技藝精湛的匠師，將寺廟加以精緻地裝飾，故寺廟中的許多裝飾物與用品也常是民間工藝的精華所在。在寺廟中除了神像、祭祀用具之外，主要有建築結構物與其他文物等。

(一) 建築結構物

中國傳統建築以框架式木構棟架為特色，主要為垂直的柱子、直向的樑，以及橫向的檁桁所共同組成「大木結構」，除了發揮承受屋頂的功能之外，也做為室內各「間」之間的區隔。在主要的棟架結構之外，傳統建築也會在這些結構之間加上一些附屬結構，如雀替、斗栱、獅座、瓜柱等，以增加棟架的穩定性，而這些附屬結構通常會以雕繪手法加以裝飾，其主題也多帶有厭勝或祈福的寓意。

雀替又稱為牙子、插角，位於柱子與樑之間，具有穩定樑柱與裝飾作用。在裝飾紋樣上主要部位通常做鰲魚或行龍，在其他次要部位則會以鳳、獅、神仙人物等紋樣裝飾，除具有結構、裝飾作用之外，亦具有祈祥寓意。斗座通常位於通樑之上，具有連接、穩定上下樑結構之功能，為大木結構中「斗」之擴大，臺灣寺廟多雕以獅子造型，故又稱為「獅座」，除了獅子之外亦常見象、豹、麒麟等瑞獸或人物等題材紋樣，獅座除結構功能之外，亦具有厭勝寓意。

此外，尚有員光、吊籃、豎材、斗栱網目等。這些部位的裝飾主題常帶有信仰意涵的吉祥圖紋，並運用豐富的工藝手法，是廟宇建築結構裝飾的重點。

(二) 錦飾

錦飾的品類很多，如作為神明出巡時前導的大旗、幢幡、華蓋，廟宇中的神簾、八仙綵、桌裙，神轎用的轎簾，與神像身上的神衣等。

大旗通常都作神明出巡的前導,故又稱頭旗,形狀為正方或長方形,上繡寺廟名稱與主神名號;幢幡的型制取自佛教升座說法時莊嚴道場所用的幡旗,通常為長條型上繡廟宇名號與神明組織名稱等;華蓋又稱「涼傘」,原為古時帝王后妃出門時必備品,作筒型傘狀上繡寺廟名稱與神明名號,神明出巡時通常位於神轎前方。

神簾上繡有主神名號,與八仙綵形狀類似,一般掛於廟宇神龕上方,而八仙綵則繡有「八仙」與「南極仙翁」,有時加繡「福星高照」、「金玉滿堂」等字樣,掛於大門門楣上。桌裙一般置於供桌正面,上繡廟宇名稱、主神名號與蟠龍圖案;轎簾是裝點神轎的必需品,而神衣則是神像所披的衣物,通常作斗篷狀,通常為信眾所奉獻,表現對神明的崇敬。這些錦飾都是寺廟不可或缺的文物。

(三)儀仗

儀仗本為古時皇妃、皇太子出行時所用的儀衛兵仗,(皇太后、皇后稱「儀駕」,妃嬪稱「采仗」);民間則沿用傳統體制以莊嚴神明出巡時的陣容。民間慣例通常只有王爺級神格以上的神明方能使用,常見的為媽祖與王爺的儀仗,媽祖為七十二付、王爺為三十六付。儀仗的內容有神明稱號牌、肅靜迴避牌、日月牌、開山斧及各種武器、搖扇等。一般為木質刻製,型制有大有小,大付作為出巡時用,小付置於神龕上。

台灣民間信仰的生活世界

鄭志明

　　台灣民間社會主要延續了漢人的文化生活模式，雖然在台灣的發展只有數百年的歷史，但是其文化內涵卻是數千年的傳承。人類的生活原本就是一種智慧的創造，人們世代相傳的生活模式，是民眾集體求生過程中的精神活動與物質創作，建構了豐富的民俗文化。

　　「民俗」就是人們現實生活下的操作系統，是集體生存模式的展現，滿足了人們生活的具體需求，形成了共同的記憶而世代相傳。「民俗」的文化內涵，不只是外在的風俗習慣而已，還包含了其背後的價值觀念與信仰體系，是人們集體智慧的生活實踐，確立了生活準則與生存目的。

　　「民俗」的主要內容，就是「民間信仰」，是指民眾現實生活的觀念體系，是長期累積下來的生存智慧。很遺憾的是，過去常把「民間信仰」，視為「迷信」，認為是迷惑老百姓的邪惡信仰，不僅沒有智慧，還會危害社會的正常發展。這種認知，是來自於社會價值理念的文化衝突，也來自於人們對於「民間信仰」的不了解，而企圖想要改變老百姓的生活觀念與價值理念。問題是「民間信仰」已是民眾深層的價值系統，早成就老百姓生活的精神交往與行動指南，如果老百姓沒有了民間信仰，又無法接納現代的生活文明，不就讓老百姓在現實生活中無所適從與茫然失據，進而活在空虛與迷惘之中嗎？

　　「民間信仰」真的是老百姓錯誤的觀念系統嗎？而且一錯就是幾千年，民眾的生活是這樣沒有智慧的嗎？人間的生活隨著文明的發展，是有多種智慧的形式，「民間信仰」是其中的一種，但是其形式與其他文明體系不相同，造成了許多的誤解，這種誤解來自於彼此的不相知，缺乏相應的理解與關懷。今天是一個多元開放的社會，沒有任何價值系統是唯一的真理，現代人應該尊重各種流傳的精神文明，有待積極地認識這些精神文明背後的信仰觀念與實踐理性。

　　「民間信仰」的獨特性，是建立在生活的具體需求上，是隨著現實社會生活派生出來的一種精神活動與觀念創造，其本質是「不自覺」的「自發」產物，是由零散到系統的發展過程，是由簡陋到精緻逐漸成熟，是集體智慧的共同結晶，經由眾人心血的灌溉而長期累積發展，在由習俗的傳播下，逐漸成型出其思維形式與思想體系。

　　「民間信仰」是人們現實生活中長期累積與融合而成，是與民眾

生活生死相依渾然一體的文化結構。就其內容來說有三個層次，第一個層次是「民眾的生命意識」，第二個層次是「民眾的社會習俗」，第三個層次是「民眾的物質生活」。以往在面對民俗文化時，大多偏向於第三個層次，頂多涉入到第二個層次，偏重在民俗的物質文化與社會形態，常因其過時的民俗事象，而被指責的落伍愚昧的封建餘毒。實質上，物質生活與社會習俗都來於民間信仰的生活實踐，有著穩定的思維方式與心理習慣，反映了民眾集體生活智慧。

（一）民眾的生命意識：

「民間信仰」就是民眾的生命意識，是人們共同信奉與遵行的觀念系統，作為個體存在的人生價值與生活目的。這種觀念系統主要在於人與自然的「宇宙圖式」，所謂「宇宙圖式」，是指人類如何面對外在的宇宙，確立個體生命的終極目標。民間信仰，即在於安頓個體在無限的空間與永恆的時間中建構出精神的超越世界，其「宇宙圖式」不離鬼神信仰，相信人之外，另存在著超自然的各種神祕力量，支配了大自然運行的規律，同時也操控著人類存在的價值意義。

一般人提到「鬼神」，就視為「迷信」，斥責為無稽之談。「鬼神」實際上意謂著人以外某種超越的精神實體，體會到宇宙中存在著超自然的潛在力量，這種力量涉及到人類自身與宇宙的生成關係。哲學家以抽象論理的方式，謂之「道」，建構了龐大的形而上學與宇宙論，而鬼神信仰就是民眾的宇宙論，以崇拜的方式來實現人自身與宇宙一體化的願望，確立了個體存在的宇宙依據與價值的定位。

「鬼神」對民眾來說，等同於「道」，民眾是以有形象的「神」來表述其所意識到無形象的「道」。「鬼神」的形象是以人的認知模式創造出來，但不意謂著「鬼神」是人創造的，「鬼神」如「道」一般原本就在那裡，只是人以自身的文化水平與生存需求，表達了對「鬼神」的信仰情操。

「鬼」與「神」是不一樣，鬼的靈力對人未必是有利的，甚至是有害的，被視為反常的超自然力，對應著人間的災難而生，鬼的出現象徵著凶險與禍害。人與鬼是處在對立的關係上，民眾的處理的方式有二，一是以「神」治「鬼」，借神的力量，對鬼加以鎮壓與驅趕，形成了趕鬼的儺文化；二是舉行鬼祭，採用和解慰安的方式，經由祭祀來化解鬼魂的不滿，以維持人鬼共安的妥協關係。

「鬼」是反常的「道」，而「神」在民眾的心目中，等於「道」，以「神」治「鬼」，則是伸張「道」的形上力量，以滿足人們消災解厄與祈安求福的心理與需求。「神」對民眾來說，都是神聖而超越，

經由神話與神蹟的流傳，永享人間的香火禱祀。這些崇拜或許有人會認為是荒誕無稽與莫名其妙的崇拜行為，實質上神和神話只是一種象徵而已，其背後含藏著靈性的自我解脫與超越，且渴望這樣超越的靈力能夠回過頭來護佑眾生。

台灣的神明特別多，各自與民眾有著相交的因緣，有的是靈性的功德圓滿，有的是神恩的威靈顯赫。其中以媽祖與王爺等信仰較為流行，各自象徵著不同的文化心靈。媽祖原本是地方性的小神，經由各種靈驗的事蹟，累積了民眾共有的思想、情感與願望，把媽祖塑造成廣大靈感的萬能女神，媽祖的靈驗與神力經由象徵性儀式行為，投射出群眾共同傳達的信仰感情，鼓舞起崇拜的熱情與力量。

王爺則是從驅逐疫鬼的心理所發展出來的神明信仰，以王爺代天巡狩的神職，轉而成為上帝的使者，執行驅邪與除疫的保安工作。王爺原本是押送鬼魅的鬼王，在人們驅瘟禳災的生存需求下，擴充了其神聖的靈驗能力，成為民間驅逐災難的保衛勢力，以其顯赫的神能，滿足人們消災解厄的心理，有著安撫民心的文化功能。

（二）民眾的社會習俗

生命意識是抽象的價值理念，社會習俗是具體的行為實踐，將信仰的感情與態度實現出來，以儀式及習俗的操作，發揮信仰的作用與價值。民眾的鬼神崇拜是建立在集體的生活習俗之中，是經過千百年來的世代傳承，用具體的操作方式來滿足每個人安身立命的需求，可以說是集體思想與情感的化身與結晶

「民間信仰」的社會習俗，反映了民眾趨優避劣的求優意識，將抽象的理念詮釋與觀念系統，轉換成與神靈相交的具體行為模式，在其生活的習俗中體現了其信仰的整個理論規模，以及其求優活動的全體實踐歷程。

社會習俗有其時間性與空間性，習俗的時間即文化的縱向面，從古往今來到歲時節日，轉而成為一年循環的節令時間，建立生活秩序的規律性活動。習俗的空間即文化的橫斷面，從上下四方到食衣住行，轉而成為各方各業的安身空間，追求人際關係的結構性法則。就習俗來說，還是離不開民間信仰的神聖觀念，在鬼神的信仰中進行時間與空間的安頓，其手段主要有二，一為巫術，一為禁忌。

巫術或稱為法術，轉而成為宗教的禮儀活動，其作用在於神人的溝通與交際，幫助人們進入到超自然的神聖領域獲得神的護佑庇福。民間信仰主要就建立在各種交通鬼神的宗教活動，一再地經由儀式的反覆操作，完成非人力可以預期必成的生活目的與事務，比如占卜吉

凶、預言休咎、祈福消災、求雨除旱、趕鬼治病等，人們期待神明的為人服務，以超自然的力量達到生產豐收、消除患害與治療疾病的效果。巫術是古老的文化，到了今天被視為反科學的愚昧行為，但是從心理需求來說，這種行為與科學無關，是一種純信仰的社會活動，以神明的超越力量來共同克服集體的生存困境，是一種精神意義下的價值探尋。

禁忌是民間信仰的自我道德要求，意識到人之外，有各種神祕的力量，是人碰不得的東西，因此通過人們自我行為的限制與戒規，表達出對超自然力量的信仰與崇拜。禁忌不同於巫術，是來自於人們消極性、防範性的心理，主要目的，是為了防止禍害的發生，其行為是與人們的社會生活與宗教生活密切相關的，後代宗教由禁忌行為發展出龐大的戒律與教條。禁忌是民眾自制的人生教誨，發展出民眾獨特的法律與道德，讓人們處在各種與神聖交往的時空下，有所適從與依靠，經由自我行為的約制而獲得安寧與幸福。這種有所不為的行為，淨化人們的靈感相交最為高潮的儀式活動，以集體性的香火儀式，擴充了人與人、人與神、神與神等各種互動關係，用來宣揚神明的浩大神恩，將巫術寄託於龐大的祭典儀式過程中，來凝聚群眾消災解厄與庇佑賜福的崇拜感情，在隆重祭典的儀式進行中，經由集體性的經驗傳達與感情訴求，緊密地連接著民眾的信仰心理與生活情感。民眾也在這樣熱情的信仰行為中，進入到神明的神聖領域，融入到神人交往的宇宙世界之中，確立了心靈信仰的精神力量，以神明的超自然力量來排除個人生存上的危機、恐懼的絕望等，獲得了確定、安慰與希望等，可以確立了個人生活目的與意義，滿懷信心地存活下去。

（三）民眾的物質生活

民間信仰的物質生活是極為豐富，留下了大量的民俗事物，在人們消災避禍與求吉祈福的心理下，留下了許多具有特殊意義的文物，這些文物來自民間多采的靈感文化，反映出們深層的信仰觀念與對應技術，亦是先民們生活智慧的結晶，每一項文物都含藏人們心靈深處的願望，強化了民眾對神明的皈依之情。下面簡單地介紹較具意義的宗教文物。

1.蠟燭與燭台

人神如何溝通呢？民間社會發展出燒香拜拜與燭台燈火，代表香火的延續，以香煙來溝通人神。「香」是民間信仰必備的，「燭火」也是不可或缺。燭火發出的光芒，代表了神明的神光普照，故在神殿

前要保持燭火的常明，代表神明的常在，以其光芒散播溫暖給廣大信眾。故蠟燭與燭台是民間極為講究的文物。燭台的形式與蠟燭的大小，反映出人們供神的虔誠與心意。

2.籤筒與籤詩

神人溝通的另一個管道，就是求助神明的指示，最直接的方式，就是到廟裡擲筊與求籤。求籤的儀式很簡單，只要將求籤的目的向神明禱告，擲筊請示後，抽取籤筒中的籤枝，按籤枝上的首號，求取籤詩。籤筒與籤詩幾乎是廟必備的文物，有的佛寺也備有籤筒與籤詩。為了配合寺廟的整體藝術，籤筒的形式與雕刻極為講究。籤詩分運籤與藥籤兩種，藥籤目前比較少見。運籤比籤詩大多以七言四句為主，內容以歷史故事或民間傳說居多，用以說明求籤者的各種時運。

3.香與香爐

焚香以告神明，是民眾最常見的祭拜行為，拜完後要插香，插香就需要香爐，香爐是祭祀活動中必備的物件，不只是廟裡有，家中的神桌上香爐也是不可或缺的。香爐是廟常設的裝備，設定之後，不可任意搬動，其質材與式樣極為講究，表達了民眾祭神的膜拜之情。

4.八卦與辟邪

為了避免鬼神的入侵，民間有各式各樣的辟邪神物，一般稱之為「厭勝物」。居家與神廟都有壓勝物，用來阻擋邪魔的侵入，最常見的是「照妖鏡」、「山海鎮」等。另有取「太極」、「八卦」等圖形掛在「門楣」與「正樑」上，作為驅煞去邪與鎮宅安家之用。

5.虎爺與風獅爺

虎爺與風獅爺也是辟邪神物。虎爺是動物崇拜，轉而成為辟邪的神物，一般神廟的供桌下，奉祀虎爺，作為神廟的守護神。風獅爺則是民宅常見的辟邪物，以武士騎在開口獅上，以其兇猛形象來驅逐邪魔，大多安置在民宅屋頂上來驅煞祈安。

6.網巾與道冠

民間道士身穿禮服時，頭上必須戴上黑色網狀的帽子及金色圓形的冠，稱為「網巾」與「道冠」，「網巾」或稱「網紗」，用來收束頭髮，巾頂上繫有道冠，多為木材雕成，上飾有寶石，或雕有龍鳳圖案，冠頂上刻有八卦。道士頭頂八卦，象徵法力無邊。

7. 笏與五雷令

道士為了圓滿執行任務，常使用各種法器，笏與五雷令是最常見的。笏又稱手板、朝板或奏板，是用來謁請諸神，道士在啟請神明，奏報行事時，必須莊嚴地雙手持笏於胸前。五雷令則是用來除妖逐魔的法器，又稱「雷令」、「雷牌」或「令牌」，正面刻有「五雷號令」字樣，背面刻有「總召萬靈」的字樣，用來召請雷神以驅逐妖魅。

8. 鐃鈸和哨吶

道士作法時，配有樂器演奏，大多是北管樂器，以通鼓、偏鼓、手鼓、鐃鈸、哨吶為主，這些樂器純粹是為了演奏，配合道士的法事，以加強科儀的宗教氣氛，以便達到通神或驅妖的宗教功能。

9. 龍角與法繩

祭典儀式的主持，除了道士外，還有紅頭法師，紅頭法師一般稱為「法仔」或「紅頭」，其施法時的法器，與道士不同，主要為「龍角」與「法繩」。「龍角」也稱為「號角」、「牛角」或「角笛」，是以牛角作成，上刻北斗七星圖案，是作為降神法器。「法繩」又稱「法索」、「鞭」、「法鞭」、「淨鞭」等，頭部為木製，長約二十公分，蛇身為長約二、三公尺的繩子，是用來驅逐妖邪。

10. 乩童五寶

乩童是一種直接降神的靈媒，其使用的法器，是用來表達神靈的附身，以及感應的神能，俗稱「五寶」是指七星劍、銅棍、日斧、鯊魚劍與刺球五項，五寶配五行方位與五營的天兵天將，東營是七星劍，南營是日斧，西營是銅棍，北營是鯊魚劍，中營是刺球，不過各地方的說法有些出入。這些法器主要用來說明神明的降臨，常以法器砍殺自身，這種作法是古老儀式的殘留，表面看起來很殘忍，卻是神明顯聖的表現，另方面這種方式，表達了乩童以血來代表自身的淨潔以及面聖的誠意，也以這樣儀式來驅逐鬼魅，達到淨化人間的宗教目的。

（本文作者現任南華管理學院宗教研究中心主任）

從傳統農家器物談舊時農家生活

簡榮聰

一、前言

　　自台灣光復重歸祖國懷抱後，政府依據三民主義的建設藍圖，大力實施農業經濟改革政策、農村漸趨富足，由於科技之推廣，傳統農家器具大幅改變，迄今僅短短四十餘年，而器物文明之進步，一變千年來之形制，而多數傳統器物如今且成陳蹟，遺物散碎，新生年青一代農家子弟，多習於現時科技器具，對先民器物多呈陌生，故無法體會光復前農家如何在艱難困苦之環境下，堅毅求生之意志與生活實況，所謂「篳路藍縷、以啟山林」之血汗辛勞，從而更感念政府嘉惠民生的德政，更珍惜目前的建設成果。

　　清朝書畫名家鄭板橋曾以滿江紅詞牌填寫「四時田家苦樂歌」，對農家四季生活之苦樂，有細膩精彩的刻劃，而歷代文士學者對舊時農家生活，亦多有描述，惟其表達者，僅在客觀表面生活形態所產生的映象，而農民在實際生活中，如何操作農具以營生計，恐未親身經歷，亦未見有專章描述。本文擬就傳統農家器物來談（看）舊時農家生活，一方面探討器物之形制，一方面藉操作的方法體會舊時的農家生活文化。蓋器物乃文化生活的具象，文化生活乃器物之內涵，從器物的構造形狀與操作情形，來研究文化生活的形態，是一個值得探討的課題，而從傳統與現在的差異，來觀察先民生活的艱苦與耐勞、毅力，想要一個有趣的比較問題。

　　當初先民從唐山（大陸）過台灣，面對滿山遍野的榛梧草莽，以何種器具開墾？划木割草運石掘土？又以何具整地播種培植？再以何具收穫製食？以何具營建遮風蔽雨？以何具編織以穿戴衣服？以何具搬運以便利交通？本文擬就開墾、耕地、播種、培植、收穫、製食、營住、織衣、運行等各節，以述其梗概。

二、開墾

　　老一輩的農人，大概都經歷過開墾，最先是割草划木，等到曬乾，放一把火燒成灰燼，然後才是運石掘土，名之「整地」。凡割草划木採薪，皆有賴「刀斧」，割草之具，有「鐮刀」、「小彎刀」（香蕉刀）兩類。然「鐮刀」的形制，又可分為二種：一為「小鐮刀」，二為「大鐮刀」，以大小厚薄區分，其刀鋒皆帶鋸齒，利於割韌性之草藤；「小鐮刀」多用來收刈稻子番麥，或刈草餵牛；「大鐮刀」多

用以割大型的野草，如蘆葦，野草莓等帶刺草藤，操作時，以前無手套可戴，雙手往往被野草鋒利的刺或葉刃刈得傷痕纍纍。

以前砍伐林木的器物有「斧」、「鋸」、「砍刀」；「鋸」的形式有「單柄」「雙柄」之分，單柄的形制較小，適合於單人操作；雙柄的，為兩人共同操作，本省日據前山林茂盛，樹多合抱，而矮生灌木亦多，開墾伐木，很費體力及時間，大樹用「鋸」鋸倒，如全家動員，也要一天或數天，小樹或枝幹，再併用「鋸」、「斧」、「砍刀」砍下，加以林木陰森，蚊蚋雲集，被叮被咬、癢痛難當，要開闢一區，往往費時數年或累代，不像現在有「剪草機」，「伐木機」，只要扭動按鈕，馬達一動，不消半日，草木便清潔溜溜。

原始山林草莽經割草伐木之後，地尚崎嶇，石礫滿佈，須經整地，其器為「鋤、鎬、棒、釟」外加「棍子」「繩索」。開墾時，農夫沿著荒地排成一排，用「鋤子」或「鎬」挖土除草掘石，遇到較大的石礫或數目較多之石礫時，以「釟」扒集，用這些石塊疊堘，隔成田壟以維持水土；如遇到大石，就要用「鐵棒」起動它，或挑或滾，推移到凹地埋之填平，或移到壟邊，儘量使可耕種的土地面積擴大。在農夫開墾時，因劇烈勞動，汗流浹背，往往多打赤膊，露出古銅色的皮膚，在炎日下，伴著鳥叫聲、犬吠聲、鋤鎬碰擊石礫的叮噹聲、推動大石的吆喝聲，嵐影翠色中，焚燒草根的白色煙火裊裊直上，形成一幅鄉下常見的墾耕畫面。

三、耕地

荒地整理之後，或土地休耕後之續耕，須要耕地，其器物為「鋤、犁、手鈀、划鈀、拉蕩（滾平器）、拉鐺（拉紋器）」等。耕地時，先要用「鋤」把壟下的雜草鋤淨，勿使其雜草蔓長，藏蟲納蛇，然後以手拉「犁」，人在牛後操持犁把，或淺犁深犁，或直或彎，則皆由農夫以繩抖動，示意牛拉之，一分地的面積，大約須時半天，犁地目的在於翻鬆土壤，增加日曬及害蟲的清理，常見鄉間農夫犁地時，烏鶖鷺鷥群集，或立牛背、或停壟上，或歇樹上，一見昆蟲翻出，飛翔爭食，為耕地特殊景觀。

犁土之後，繼之以「手鈀」鈀集土壤中草藤，清除土壤中雜物，亦以牛拉之，再繼之以「刈鈀」再刈碎土塊，此「刈鈀」多用於畑田，人踏「刈鈀」之上，促牛拉動，利用人的重量及刈鈀之竹刀刈碎較硬土塊，此種耕地方法，牛最辛苦，拉轉田地數圈之後，牛已累得氣喘噓噓，如遇高頭大馬屬於重量級類型之農夫，那牛更是喘得流涕

弔淚、張嘴翻眼矣！土地經「刈鈀」「手鈀」整理之後，畑田可立即種植，而水田則再需灌水，水浸泥土數日後，土壤已全化為軟泥，再用「拉蕩」蕩平田泥高低凸凹，以便利日後的灌溉，到此階段，已可插秧種稻，惟鄉下人為了能使秧曲均勻佈植，多用「拉鐺」將田泥拉成縱橫線路，在間隔交線處插秧，到此階段，全部耕地的過程才可算作完畢。

四、播種

　　農夫播種，大概分畑田與水田而異，山原畑田則多植番薯、樹薯、香蕉、豆類等雜糧，水田則多種稻，其挑物之具，有賴「扁擔、畚箕、蘿筐」等，旱田在種植前、須加堆肥，農夫得先把牛稠（廄）裡的牛糞伴草發酵陰乾，及將垃圾堆的垃圾焚燒成灰，挑到山坡（原）旱田去散置，用牛拉犁，堆成一行行的田壟，種上雜糧，如為花生（土豆），還須以「划鈀」拉平，用土蓋好，以免斑鳩等鳥類偷食。如為水田插秧，為便於取置秧苗，有「秧鏟」、「秧篦」、「秧船」之具，「秧鏟」在於鏟取秧苗連根土成塊，便於把取插植，「秧篦」則以竹片編成半圓形以置秧苗，「秧船」則為木片編成之淺邊圓盤形，內可置「秧篦」，當農夫插秧時，「秧船」置於左腳旁，可在水田泥上滑動，故名「船」。插秧時為農忙期，正當農曆正月及七月（一年二次），正月天冷，田泥如冰，還須忍受寒風頻催，故多著「蓑衣」；而七月天熱，田水如沸，還有日炙雨淋，多著「龜披」（用竹葉及竹篦編成龜殼形狀，披掛在背上，俯身插秧時剛好遮陽擋雨）。以上不論冷熱，都必須全天泡在水田，彎腰俯身插秧，要快要準，要直要聚，秧株即不能太多，也不可過少，真須一番真工夫，而儘管腰酸背痛腿麻，也要持續忍耐，筆者因是農家子弟，也曾經歷插秧，此中辛苦，只有有身歷其境者才能體會。

五、培植

　　秧苗及雜作物在成長期，須經數次之芸草施肥，農夫例以「木桶」盛豬或人尿施之，並以「木勺」或「瓢勺」杓之（日據以後始見「鉛片勺」），故農人之操作不僅日曬雨淋，且要忍受尿糞之臭。至芸草時，不像今又有除草劑，只需行走施放一次，永不長草，方便之至。過去芸草，須脫去長褲，跪在田泥裡，不僅兩膝要支撐，手且要不停搔起水草塞入泥中；不僅要忍受春寒夏熱，且要忍受蚊蚋的螯叮，等到中午或傍晚除畢站起，身如泥人，兩腿發抖，兩眼直冒金星，渾不

知天高地厚,此為芸草感覺。至稻子有蟲害,舊時以臭油(水油)置竹筒中施灑,另一人在其後以「掃把」或「竹篦」將稻子施掃,使昆蟲落田水中毒斃或被梳在篦上除之,速度極慢,效率亦低,與今日之電動機器噴灑或政府派直昇機噴灑農藥,相距何異天壤?

六、收穫

旱田之雜糧收成,除豆類以手拔摘下外,其他則以「鋤犁」搖之,摘好置「籮筐」挑還家中貯藏,而豆類仍須置土場上曬乾,花豆大豆並須以「竹桿」或「連枷」拍打脫殼。至於水田稻子,比較麻煩,農夫先以「鐮刀」收割,並以「脫穀機」脫穀後置「方桶」中,此「脫穀機」,在清朝及日據之時,叫「摔桶」,意即手握稻桿,使勁摔打脫穀板,而使稻穀摔之脫料。光復後,始進口轉動機器,叫「機器桶」,重百餘斤,操作時須單腳著地,以另腳上下猛踏板子,使機器轉動,然後雙手持稻,握緊適置轉動之機器桶上,並加翻動,始可脫穀乾淨,甚是費力。雖較「摔桶」方便許多,但與今日「電動割稻機」一系列自動割稻脫穀裝袋操作相比較,其便利已非前人所能想像,而老式的「機器桶」脫穀後,稻煙迷漫,沾膚奇癢,另一農人須忍受於「方桶」後收集雜草,並以「插箕」盛穀入「粗麻袋」,或「密籮筐」,通常盛滿一擔,約百三十斤,以人力挑回(或以牛車載回)土場上曬之(光復前水泥甚貴,光復後鄉下始多舖水泥場)。

土場上晒穀之器具有「穀扒」、「搔仔」、「大拖仔」。「穀扒」在扒開穀堆成壟並翻動稻穀;「搔仔」在搔除碎草;「大拖仔」為大方形木板,兩端鑽孔繫長繩,使兩人在前拉,另一人在後持柄穩住,以收集(或拉開)穀粒。此時期最忙者為農婦,一方面要以「短木棒」敲打未脫穀的零碎稻穗,然後以「篩」搖幌,去掉碎葉及穗莖,一方面要定時翻動稻穀壟,使日曬均勻,同時仍得趕走偷食的雞鴨鵝(此職責有時落在小孩),若當夏季,蟬兒一叫,烏雲頃刻密佈,西北雨隨至,此時左鄰右舍多發揮守望相助精神,七手八腳搶著收攏穀子,「大拖仔」火速移動,「穀扒」上下揮集,「掃把」一齊掃動,運氣好時可以趕在雨來之前蓋好「草披」,運氣差、手腳不足的,就只有受雨打濕了,那就要多曬幾天。有時碰到霪雨連月,稻穀成堆悶著發芽,也只有徒呼奈何,不像今天有「烘乾機」,還是政府輔助購置的,不睛陰風雨,照樣可以烘乾,又快又好,不受天候影響。

稻穀晒乾之後,須經「鼓風機」將空穀子吹除,此鼓風機俗名「風鼓」,風鼓之結構,上有方形漏斗,下旁為圓形鼓風肚,肚中裝有

可搖動之木片四葉,操作時一人以插箕盛稻穀於方斗中,另一人以手搖鼓風機扇風吹之,啟動開關,使穀子漏下,穀粒經風一吹,實粒落於近端出口,虛穀則吹向較遠之出口,其下各以「米籮」承接,虛穀可作雞鴨鵝等家畜飼料,實穀則為家人食用或作完糧繳納田賦之用。實穀即裝入「穀倉」儲之,「穀倉」之形制有四:一為竹篾所編,呈一橢圓袋狀(可裝二、三千斤),裡外糊以牛糞,俗稱「茄櫥」。二為竹蔑編作圓形,裡外糊以泥土,上有笠狀蓋,俗稱「鼓亭笨」,又稱「土庫」。以上二者底皆有腳架,離地一尺,以防鼠患及潮濕。三為土塊所疊四方形於屋內角落。四為磚塊疊成四方形於屋內。以上二者皆留一方形缺口,以便倒穀及出穀。

七、製食

(一)碾米:曬乾之稻穀經「風鼓」處理後納倉,而三餐米食則賴碾米器具之「土礱」、「石臼」、「石杵」(或「木杵」)以去穀皮。

「土礱」為紅粘土加鹽噴水搗成,硬度如石,其形如「石磨」,然較之大二倍餘,外圍以竹篾密密圈住,其上下座接觸之底部並以台產硬木「紅九層仔材」角條交錯釘成,功在磨除穀,皮其上座有四方孔,每次可納五斗,穀其旁有木製耳,中有小孔,可納「土礱彎鉤」(如丁字形),此彎鉤由二至三人操柄轉動,則碎穀皮殼即由下座周圍之槽溝流下,下以「米籮」盛之,再經「風鼓」吹分糙米及未碾碎之穀粒,穀粒由「土礱」再磨,而糙米則經「米篩子」篩過砂石雜粒,再入「石臼」(每次約一斗)杵成白米,而農家日則田野操勞,夜則舂米,故盤中之飱,粒粒辛苦,尤以日據時鄉老曾言當時實施配給制度,民間不可藏米,有較膽大者藏穀草堆中,夜間利用竹筒置穀舂之,不使聲大以防發覺,其可憐如此,不像今天豐衣足食,稻米已不希罕,昔時貧苦,年青一輩殊難想像。

(二)磨粿:台灣民間凡遇節慶須作年糕、發粿、菜頭粿或紅龜粿時,均有賴「石磨」研磨米漿。「石磨」為硬石雕成,上下座均作圓餅形,上小下,大下者有溝槽,有凸出之漏斗缺口,用以承接米漿,其操作與「土礱」略同,惟一人操勾推磨,頗為費力費時,不像今天已皆為電動,全由電及機器代勞,米漿以布質米袋裝紮,置椅條上以石塊或扁擔壓住,水盡漿硬,便可用來作粿。

(三)榨油:農家榨油之材料,多為土豆(花生)、菜子與芝麻,其製作之主要工具有「石碾」及「油車」;石碾多為硬石所雕,其豎立如圓桶形,一端較粗,其形體較榨蔗之「石車」略小,重約一

千至二千斤，其周圍密雕顆粒花紋，便於碾碎花生，而兩端各有鑿眼，可入鐵軸頭，以裝橫桿，為駕牛拖動之用，此「石碾」之下，亦置「石盤」，盤分四塊、組成圓形，上面亦刻斜線紋，以裝土豆承石碾轉動碾碎製成豆餅，另將餅置「油車槽」中，用「撞桿」撞打，通常連烘帶碾加打，須要數天才有油吃。

（四）醃菜：早期台灣農家生活，餐飯的佐食很簡單，魚肉只有過年過節才吃到，而平常之佐菜都是鹹漬的醃菜。器用「土甕」「土罐」，醃漬的菜多為菜頭、菜心、酸菜（芥菜葉醃）、醃冬瓜，醃刺瓜仔、薑、筍、樹子，經個別之製作程序及加料，然後放入「甕罐」中封閉貯存。

八、營住

本省早期農家屋舍，多為就地取材，旨在擋風遮雨，無心也無力注重美觀，其式樣有三：（一）為純以土埆疊牆，上架竹或直木為樑，舖以茅草作瓦者。（二）為「搗牆起」，造法先以板裡外間隔為模，以黏土加鹽搗實，俟乾，再往上移，逐次加高至預定高度及式樣，架竹或木為樑，再舖以茅草者，（三）為「架筒起」，造法為以竹片或木板編牆，間隔架竹筒或板木固定，裡外再糊黏土或加粗糠皮、牛糞，頂牆再架竹木為樑，舖以茅草或稻草者。

光復前鄉下無電燈，照明以「煤油燈」，燈光如豆，其色昏黃，上床睡覺，立刻吹熄，其節儉如此。又農家多在邊間作「灶」，燒以柴草，煙薰滿室，久之，屋內架構薰黑，加以開窗較小，房間黑暗，那像如今鋼筋水泥磚造，窗明几淨，美觀大方呢！

九、織衣

昔之衣料，多從內地輸入，如絲自江浙，布自閩南，羽毛呢絨則從粵東，由於民風儉樸，男女服裝多為素布或黑布，平日均赤足，遇親友喜慶或過年，始著鞋襪。而素布多經加工染色，其染料：青布多為蕃青，黃布多鬱金，紅布用蘇木，褐布用茄萣、芭蕉汁等，在取堅韌耐用為優，常一穿數年，縫縫補補，至不能補，則以大改小，或以深色新染再穿。

就剪裁之工具言，昔時多以手工，靠「針線剪刀」縫製，至民國初年，始有「手搖裁縫機」，至三十餘年，有「腳踏式裁縫機」，迨民國六十年代，漸改用電動，便利多矣！

十、運行

早期台灣農村交通運輸，主要靠人力與獸力，其時人民經濟困窘，而生活儉樸，器用均與當時之生活環境相關，路為崎嶇土石路，非今日平坦之柏油水泥路；車為「牛車」，為運貨之用，無今日之汽車電車；鞋為「草鞋」（晚期始穿布鞋），無今日大家皆穿之皮鞋；故從早期農家運行器用，可明瞭先民生活困苦儉樸之一斑。

　　（一）人力運輸：人力運輸工具，有「扁擔」、「轎子」、「人力車」之屬。「扁擔」以劈開之竹節作成，兩端削成可以掛吊重物之勾狀，先民為賺錢養家，常遠從山間鄉下挑柴簍、重百數十斤，翻山越嶺，至市街販賣，返程再挑日用品歸家。迨日據晚期，「人力車」傳入，此車有二輪，中有座位，上有帳蓬，遇有烈日或下雨，可以抓起，座前有二把手，最前有橫桿，拉伕於其間雙手扶住把手橫桿拉跑，多為富者或醫生到鄉下收租或診病時乘坐。至於一般平民多赤足行走，惟挑夫或溪流捕魚者等則著草鞋。

　　（二）獸力運輸：獸力運輸工具，有「牛車」。牛車有三式：一為早期「板輪牛車」，此車兩輪，輪為大木板輪，乃三塊厚木板拼接，多樟木所製，中間有車台，可置貨物，車前有拉槓及軛，約一百年前常用。二為中期「鐵皮輪牛車」，車輪為輻輳式，輪面包以厚鐵片，輪材多為雞油木，木甚堅重，雖稱耐用，但拉牛甚辛勞費力，每見載運甘蔗牛車，過田壟，爬山坡，牛在前頭鼓背挺足，肌鬆賁張，噓氣流涕，奮力拉勁，人在車之兩旁努力推挽，雖在冬日，渾身汗濕的情景，均為之感慨不已。三為近期「橡膠輪牛車」，前後車輪已改橡膠輪，牛車行走較為輕便，現南部、東部及西部沿海諸村尚使用之。

　　（三）橫渡工具：在深谷危岩，或溪水過處，早期有「架橋」、「渡筏」、「溜索」等工具。凡岸闊水寬，無法架橋，用「渡筏」，「渡筏」以竹幹編成，採平直式，用竹篙趁行。凡岸窄可架竹木者用竹或木編成，橫架兩岸，多見於村間小溪。至於「溜索」則俗稱「輪仔」（或稱「彙仔」），用於深谷或水深流急之處，以木架架於急水兩岸固住，中懸繩索（晚期用鋼索），以老竹幹架成四方框，以鐵絲編成四方形籃，底再以麻繩細編，上可乘四至五人，四方籃上吊掛轆轤，乘者須自拉繩，帶動籃子至彼端。昔時工具簡陋，每遇夏季山洪水急，籃子滑至溪流中段下垂較大，往往遭洪流沖激，籃子一偏，乘者掉落水中喪生。自從政府加強地方建設後，多已廢索建橋，既方便又安全矣。

十一、結語

綜觀以上梗概式的略談（註），我們當能瞭解舊時農家創業維艱，守成不易，圖進多難，然而只要堅毅勤儉，仍能轉貧而富，否極泰來，更重要的尚需有一安定祥和的社會，勵精圖治、重視人民福祉的政府；前賢云：「一絲一縷，當思來處不易；一粥一飯，恆念創業維艱。」農為百業之本，吾人每用一物，誠須三復斯言。

（本文作者現任新生報副社長、逢甲大學兼任教授）

註釋：

註：本文因限於篇幅，無法詳細介紹台灣農村文物與生活文化，讀者如欲進一步深入認識，請參閱拙著《台灣農村文物與生活》乙書，台灣省文獻會出版。

台灣「食」與食器

黃永川

一、台灣的食俗與食品

古語云：「民以食為天」；自古以來，國人即有食足以養生的觀念，台灣的子民亦復如是，故而以「食飽未」（吃飽了嗎？）做為問候語，而「謀生」台灣人稱為「賺食」之類可知。

實則，食是動物的本能，也是維持生命的基本需求，同時是追求崇高精神生活表現中重要的一環。

台灣食在中國菜中屬於閩南系統，但由於四面環海，氣候溫和，地形屬於高山島嶼。中央山脈為本島脊樑，脊樑的嶽線略偏於東部，形成西部平原，土地肥沃，雨量充沛，日光充足，在先民富墾殖精神下，物產豐富，山珍、海味、五穀、蔬果，頗為齊全，而有寶島之雅譽，加上民俗習慣，宗教信仰等使台灣的食有了更多的特色。

（一）主食

《台灣通史》稱：「台灣產稻，故人皆食稻，自城市以及村莊，莫不一日三餐，而多一粥一飯」，「貧者亦食地瓜，可無枵腹之憂」註1。

早期的稻米分粳稻與糯米兩種。粳米又分白殼、烏殼、早占、埔占、三杯、花螺等數十種註2，日據時期由日本輸來蓬萊米，比在來米（本地種）為香軟，頗受人們歡迎。台灣米不僅自足，亦以外銷，一年豐收，足供四五年之用時，漳泉之民亦多仰食台米。

米飯炊法有「撈飯」與「燜飯」兩種，做「撈飯」用水較多，並以竹做的「飯籬」將煮熟的飯撈起，剩餘的米湯叫「潘」；稀飯叫「糜」。至於燜飯則以大灶大鍋，鍋內水不多，燜以成乾飯者。飯後因加料之不同而有鹹飯、鹹糜、蠔仔糜、蕃薯籤糜、菜豆糜、米豆仔糜、虱目魚糜、竹筒糜、甜糜（米糕糜、綠豆糜）等。

稻之糯者稱「秫」，性黏滑，可煮油飯、米糕，也可磨粉、釀酒、蒸糕。每逢時歲慶賀，則糰以為丸，和湯煮食，以取團圓之意，甚有因節日不同而做成不同米食，「端午之粽、重九之粢，冬至之包、度歲之糕」，均以糯米為之。

地瓜來自呂宋，故名番藷，沙坡瘠土均可種植，食之易飽，一般多銼（Chua⁴）為絲，曬乾謂之番藷籤，以為不時之需。貧賤之家以藷為主食，可以生食，可以磨粉蒸糕或釀酒。

此外以麵、米粉、冬粉、豆籤、芋頭、米豆等做成不同形式以代替主食。

(二) 副食

可分魚、肉、蔬果。

1. 魚類：台灣四面環海，鹹水魚產甚豐，常見者有加蚋仔、赤鯨、四破魚、白帶魚、魩仔魚、旗魚、飛刀魚、飛魚、狗母魚、烏仔魚、魷魚、小蜷、蠔仔、干貝、花枝等。淡水魚類也不少有鯉魚、鱸魚、鱔魚、虱目魚、鯽魚、鱸鰻、土殺、蛤、蚶、蝦、蟹等。

2. 肉類：以豬肉為主，雞、鴨、鵝為輔，羊、兔、粉鳥（鴿）等於特殊場合則亦食用。

3. 蔬菜類：有芥、菘（白菜）、茄子、迦藍、菠薐、菾蓬（厚末菜）、茼蒿、莧、花菜、薤菜、蘿蔔、高麗菜、葭荻筍（茭白筍）、竹筍、刺瓜、菜瓜、瓠仔、豆菜、荷蘭豆、萵苣（鍋仔菜）、紫菜、蕪菁（大頭菜）、紅鳳菜、過溝菜、冬瓜、金瓜、馬藷、香菇、木耳、菜豆、肉豆、皇帝豆、敏豆、薑、蔥、韭、蒜、芹、芫荽、茴香、辣椒等。

4. 醬鹹類：即醃漬類，又稱「醬」菜，為下飯，尤其是早點的重要佐料，有瓜仔醬、菜心、菜頭、冬瓜、稚薑、破布子、菜甲、鹹菜、大頭菜、西瓜皮等。另有豆腐乳、梅仔醬等。

5. 乾脯類：魚、肉、蔬菜等曬乾加工類如魚干、蝦米、肉鬆、肉脯、豆干、木耳、香菇、鹹蛋、皮蛋等。

6. 水果類：台灣水果最多，有香蕉、鳳梨、荔枝、龍眼、木瓜、番石榴、楊桃、樣（芒果）、桃、李、柑、橘、梅、柚、橙、柿、梨、枇杷、葡萄、蓮霧、釋迦、橄欖、椰子、楊梅等，近數十年來更有水蜜桃、蘋果等，原非正餐食品，但隨西風東漸，也成正點中不可少者。

二、台灣的「食俗」與烹調方法

(一) 食俗

早期台灣民間生活儉樸，三餐捨不得食肉，但逢戚客來訪，則多設法宰殺雞鴨奉呈。鄉下農耕，故禁殺耕牛，食之者寡，「祀天祭聖，始用太牢」[註3]，民間建醮祀神，多斷葷以寓齋戒之意。若逢節日喜慶，更是排場慷慨，毫不吝惜。宴席（俗稱「吃桌」）常多至十菜，有時十二菜、十四菜、十六菜、十八菜等，出菜方式平常多先出

冷盤，其後湯餚乾菜輪流上桌，半席後出「鹹點」（點心），最後出丸（表示圓滿）或魚（表示有餘）。完席時出甜點與甜湯，以示甜蜜完美。

除了日常食品外，早期台灣習俗平時也重視食補。病癒、體虛，尤其立冬以後更有五花八門的「補冬」，生雞蛋泡冰糖、雞公酒、焄四臣（蓮子、淮山、茯苓、芡實）、燉八珍等等屬之。

家庭飲食之外，台灣的飲食文化擴展到市集與街上的小吃，種類繁多，有飯攤、麵攤、竽粿攤、肉粽攤、米粉攤、豆乳（漿）攤、豆花攤、硐仔米糕攤、炸粿攤、魚羹攤、烘魷魚攤、醃腸攤、韌餅（春捲）攤、蠔仔煎攤、蠔仔麵線攤、醬（漬）料攤、當歸鴨攤、枸杞雞攤、尤米、尪仔（捏麵人）攤、冰水攤、芋仔冰攤、李鹹（蜜餞）攤、糕餅攤、水果攤等，不勝枚舉，像台南的小吃更是聞名，各種擔攤無法細數，其攤子設備及食具也各特色。

（二）烹調方法

三四百年來，台灣的食文化接受了不同文化的洗禮，時時推陳出新，但仍保有其應有的特色而自成體系，以烹調的方法言，就有以下數十種：

1. 炒：如生炒雞、炒蝦仁、炒豬肚等。
2. 煎：如煎虱目魚、煎油蔥餅、煎紅龜等。
3. 爆（Pia^4）：蔥爆豬肉、薑爆麻油雞等。
4. 炸：生炸蝦、炸鳳豬腿、炸春餅等。
5. 燒：紅燒魚翅、蔥燒雞、紅燒豬腳筋等。
6. 燙：燙生蠔、燙生蝦等。
7. 焢（Kon^3）：焢肉、冬菜肉、土仁湯等。
8. 燜（Hib^4）：什錦油飯、如意白菜、火腿白菜等。
9. 焄（Gun^5）：鹹菜鴨、菜頭焄白骨焄番藷等。
10. 燉（Dim^7）：淮山鴨、冬歸雞、鹹菜豬肚等。
11. 浮（Pu^5）[註4]：浮圓仔等。
12. 焗（ㄅㄨˇ）[註5]：柚碗雞、焗芋仔等。
13. 滾：魚丸湯、魚肚湯等。
14. 炊（蒸）：白菜蝦卷、十錦包等。
15. 烊（Hon）[註6]：大烊肉、烊豬腳筋等。
16. 燴：五柳居、三仙豬肚等。
17. 烘：烘鳥、烘魷魚、烘蛋糕等。
18. 酥：白酥雞、脆皮雞、香酥鴨等。

19.羹：肉羹、冷蟳羹等。
20.脯：肉鬆、肉脯、魚脯等。
21.滷：滷盤鴨、豆乾滷等。
22.漬：菜心漬、瓜皮漬等。
23.泡：生蛋泡冰糖等。
24.醃：鹹鰱魚、鹹鴨蛋等。
25.拌（攪）：油蔥飯、油拌蘿菜等。
26.拼：山海拼盤、冷盤鮑魚等。
27.風：肉皮、香腸、鹹肉干等。
28.蜜：柚仔糖、龍眼乾、冬瓜糖等。
29.凍：雞腳凍、菜燕凍、肉皮凍等。

富饒的物資加上各種烹調技法及節日祭拜等不同時機之運用，使台灣早期食的文化有了極豐富的表現，但台灣地處亞熱帶，人民多節儉，故而湯類與清淡成了台灣「料理」的一大特色。

三、台灣早期的食器

基於台灣食的特色，其使用的器具也略有不同，加上台灣人向來節儉，不務奢華，故而造型講求自然，實用而樸實，品類亦甚可觀。

食器就廣義言，可分烹調器、模印具、食像具、食用器、食品儲存器等。

（一）烹調器

1.鼎：即大鐵鍋，無足，多置灶上，小鼎則配合烘爐使用。
2.鍋：即小鍋，深底，用煮湯類食物。
3.釜：比鍋為深，用以煮飯。
4.鼎筅（Che³）：竹或梘莖製，紮以刷洗鍋鼎。
5.飯篱（Le⁷）：竹編製有細孔之大型撈具。
6.攪瓢（Hao³ Hia¹）：金屬製形如飯篱的的大型掏水具。
7.煎匙：生鐵製，多套以長柄木把。
8.攪勺（Hao³ Sia⁸）：套有長柄之金屬小取水具。
9.漏勺：形近攪勺有細孔之金屬小撈具。
10.砧板
11.菜刀
12.摳皮器（Kau¹仔）：削皮器。
13.菜銼（Tsua⁴）：銼絲用器。
14.米苔目拖（Tua⁴）：銼米苔目用器。

15. 摳鱗器
16. 榨汁器
17. 舂薑器
18. 舂臼：多石製
19. 酒矸（瓶）
20. 豆油壺
21. 油罐（硐）
22. 油壺
23. 糖罐
24. 鹽罐

（二）模製具
1. 粿印
2. 餅印
3. 糕印

圖一　竹飯匙，黃李朝瑲提供
　　　15×8公分

圖二　木攫匙，黃李朝瑲提供

圖三　鋁飯盒，黃李朝瑲提供。
　　　11×17×5公分

圖四　鋁三層飯盒，黃李朝瑲提供。
　　　14.5×10×18.5公分

  4.糖模（糖塔模）

（三）用食家具
  1.食飯桌
  2.椅條：即板凳
  3.桌罩
  4.菜櫥
  5.餐具架

（四）食用器
  1.飯桶（或飯斗）
  2.飯缸（kna˩）：陶製飯桶
  3.飯盒：即便當（圖三、圖四）
  4.飯匙（圖一、圖二）
  5.箸（筷子）
  6.粿叉：竹製之多齒叉子
  7.箸籠（圖五、圖六）
  8.碗
  9.碗公

10. 硐仔
11. 盤
12. 什錦盤
13. 碟
14. 湯匙
15. 水果盤
16. 檳榔食器（銅舂臼）
17. 檳榔籃
18. 蜜餞盒
19. 米糕硐仔：竹製或陶製。
20. 缽
21. 盂
22. 杯
23. 盅
24. 豆
25. 捧盤

(五) 食品儲存器

　　1. 米籃

圖五　陶筷籠，黃李朝瑄提供
　　　17×6.3×10.5公分

圖六　鋁筷籠，黃李朝瑄提供
　　　17.5×9×5.3公分

2. 米缸
3. 麵線籃
4. 醬菜罐
5. 醬桶
6. 冬菜甕仔
7. 菜脯甕
8. 皮蛋缸
9. 酒缸
10. 酒甕（豆腐乳甕仔）
11. 油甕

四、結論

台諺有云：「食是福，做是祿」，人生勞碌首求飽食，故溫飽為維生基礎。從上觀之，早期的台灣食俗與食器，多在實用，其後隨著時代之進步，種類翻新，品類繁多，單就魚的食品與作法令人目眩，食器亦然。以筷子為例，竹筷為常，其後有木筷、牙筷、漆筷、螺鈿筷，銀筷、鑲銅筷等，其上之長短粗細，品味雖有不同，其為台灣先民奮發圖好下之結晶，撫物思昔，怎不令人時興敬讚之嘆哉！

（本文作者現任國立歷史博物館研究員兼副館長）

註釋：

註1 參見連雅堂《台灣通史》。
註2 見同註1。
註3 見同註1。
註4 用水清煮時而添加冷水使爛。
註5 於灰火中熟物。
註6 調味或油炸後小火悶蒸使爛。

參考書目

1. 連雅堂《台灣通史》，台灣省文獻會出版，1992。
2. 劉文三《台灣早期民藝》，雄獅圖書公司，1978。
3. 吳瀛濤《台灣民俗》，眾文出版，1978。
4. 國立中央博書館台灣分館《民俗器物圖錄》第一、二、三、四輯，1980、1984、1987。

台灣早期生活器皿概說

林淑心

前言

　　台灣史前的歷史雖相當久遠，而自元代以後始有漢人較多移入，閩南地區人民更不斷陸續來台居住。明鄭時除軍隊移駐外，更有家屬自內地移台居住，人口日多，至清代正式統治台灣，當時已有人民十萬多人。漢人社會顯然已從原有分散式的部落社會轉化形成集聚式城市社會。因其血緣與福建漳州、泉州關係特別密切，因此從民情風俗而言，實為閩南風俗之延續，加上另有客屬居民，溶合形成台灣早期漢人文化之基本形式，隨著歲月推移，台灣種種地理人文的特色，逐漸蔚然成形，成為台灣獨特的主題文化。三百年來，台灣面臨種種歷史文化的大變革，期間又因日本據台五十年，台灣文化因此飄離根源，慢慢地失去自身的生命力，加以西方文化的大量傳入。年青學子迅速溶於世界文化之中，促使台灣中心主題性文化墮於萬勢不復之境地，實為今日台灣精神文明極大之危機。連雅堂先生曾在「台灣通史」中記云：「國可亡，而史不可亡。」又言：「滅人之國者，必先滅人之史。」在連所著「雅言」中，更明言：「凡一民族之生存，必有其獨立之文化；而語言、藝術、風格，則文化之要素也。是故文化而在，則民族之精神不泯，且有發揚光大之日。此徵之歷史而不易者也。」在即將邁向二十一世紀的現代台灣，西方文明無孔不入的侵佔台灣的每個角落，如何尋回台灣精神文明的真正價值之所在，實為今日我們刻不容緩的重要課題。

　　台灣的人民，早期來台都是抱著墾荒拓土的精神而來，所謂「篳路藍縷」，「胼手胝足」的苦心經營，生活的困苦與堅忍奮鬥勇敢面對各種困難挑戰的精神特別令人感佩，養成我們的祖先特別刻苦節儉的生活態度。當我們從數百年前所遺留的各式生活器冊之中，多少可以體悟且了解台灣早期生活孕含的一些信息，這些看來平凡無奇的日用器皿，卻反映當時先民的思想與喜好，凝聚著先民物質與精神兩面的深層意義，孕育了濃厚的記憶隨著歲月而逐漸被遺忘時，點點滴滴殘存的文物，乃是歷史文化的沈澱，輾轉傳至今，讓我們從中細心體會與發掘台灣主題性文化的精髓。

　　回顧歷史不論是古今中外，人們生活的要素皆包含在衣、食、住、行、娛樂及宗教活動的範圍之中，但是因為各地地理環境及自然

條件的差異，產生了各地獨特的生活方式，這是人與自然的互相調適，也是所謂的風土民情。台灣的本土文明，流著濃濃地來自閩南的風格，但多少加了一種海島文化的特色與性格，因此多些粗獷，也多些率直，但是其獨特的生活情趣和審美觀念，在品類繁多的各式傳統文物之中，仍然散發著質樸清新的特殊意趣。

早期台灣社會，是以農村為主的簡單清苦的農家生活，吃著粗茶淡飯，日出而作，日落而息，孜孜矻矻勤勞而節儉，因此所使用的生活器皿基本上都是必要而簡樸的形式，略分述如後。

盞燈熒光照 —— 燈具

台灣的第一盞電燈是在清代劉銘傳出任台灣巡撫，為了將台灣建立為全國第一個模範省，在台灣實施電氣化的建設，一八八六年，在今日台北的衡陽街與總統府附近街口，設立了第一盞電氣照明的路燈，這是全台使用電燈的開始。在此之前台灣各地仍然以蠟燭及油燈來照明，所以留下各式不同材質，不同形制，不同裝飾風格的照明器式。

點蠟燭所用的燭台，因為蠟燭的價格比煤油昂貴，所以普通人家大都只採用在神明供桌上使用，惟有特殊的節慶吉日，才點上蠟燭。燭台的材質大致可分為銀製，銅製、錫製及最普通常見的木製或瓷製的燭台，基本上造型都有一個插孔或插釘，另外加上一盤托，下承柱台及底座，只有簡單的刻紋及裝飾。

燈具除有玻璃燈罩的油燈、銅罩油燈、瓷製座燈、陶製座燈、省油燈等各式形制外，最簡單的是類似一個淺盤或碗的油燈盞，一側有一小小缺口作為放置燈蕊的燈心口，一側有車環狀把手，這種造型的油燈大都是放置於桌上使用的簡單式樣油燈，另外還有各式各樣附有提梁或掛鉤的掛燈或提燈。

平淡飯茶香 —— 飲食具

在民以食為天的農村社會，飲食生活用具，嚴格來說都是以功能性為考量的重點，主要是餐具，包括盛來飯的各式飯桶，大大小小從數十人用到五、六人用的規格都有。有完全採用原木刨平的木板，加竹或藤條編環套牢成型，另加一個同一材質的蓋子即可使用，比較講究的家庭，有用紅色漆美化或外表描繪金色紋飾的漆飯桶。一般說來除木製飯桶之外，還有一種醬釉的陶瓷燒製飯桶，平沿廣口，器形上磨下稍斂，外壁飾簡單編織條紋或格紋，壁器內光滑，底有圈足，上加原木所製木蓋，這種木蓋造形樸素，只在中央加一突起木條為組，

沒有任何裝飾，每日主婦必須細心刷洗，所以原木被刷得發白，反而顯示一種潔淨素樸的美感。有時因為陶瓷飯桶會燙手，所以在飯桶外加一編成的藤編或竹編的套籃，套籃兩側有半環形耳，方便穿過竹桿或扁擔，可以在農村田間運送飯食時使用。

餐具的碗、盤、碟、筷等，較考究的家庭使用成套的瓷器餐具，早期有明清時輸入的景德鎮或福建地區所燒製的青花瓷器，五彩瓷器等，這類瓷器是民窯燒製的一般民窯器皿，大都以功能性的考量為製作目的，所以製作成本較為低廉，燒製過程快速以利銷售，所以青花紋飾用色灰暗，紋飾描繪極為簡率，常常是用一、二筆觸勾成花卉、雲彩、山水，器面發現紋飾有似雲似水，如花似葉的情況，但流露出一種民間情趣，有一種灑脫與自由的美感，今日觀之，反覺其民間的生活韻味無窮。亦有部分來自福建或廣東民窯青花，飾有吉祥文字，如「福」、「囍」、「壽」、「祿」等，大都以開窗式，將文字飾於其中，開窗形式有圓形、有菱形、亦有多角形等形制不一。一般家庭或農家所使用的飯碗，均比現在我們所使用的碗尺寸顯得比較大。一般價格低廉的青花碗，都是採取疊燒而成，碗內的中央留有一個圓形的澀圈，看起來顯得粗糙，但是可說是台灣民間最普及使用的一種碗式，尤其從台灣開始設窯自行燒製，大都是燒這種最普通的碗式，碗的內壁無紋，碗心有澀圈，碗的外壁飾條狀直紋，大中小的碗式都有，大型的作湯碗，台灣話稱為「碗公」，中型的盛有湯水的菜肴，小型即為盛飯用的飯碗。台灣氣候暖和，一般飯食習慣，都喜喝湯，所以人口多的家庭，都使用大「碗公」盛湯才夠用。

餐具中醬油碟的功用也十分重要，所以可見各種形制的碟子，基本上仍以陶瓷所燒製，少數也有使用玻璃製品，日據時代以後日製玻璃製品曾大量傳入。這種醬油碟的造形，是餐具中最富於變化的一種，有些還用花卉水果的形制燒製，可能是早期台灣民間飯桌上最富有變化的用餐器皿。

盛菜的盤子，以圓形及橢圓形二種式樣為主，橢圓形稱為「腰仔盤」，用以盛魚最為方便，其他亦有花口、方形、舟形等各式造型。

筷子則以竹、木二種材質最普遍，竹筷因為台灣盛產竹子，稍稍加工即可使用，所以竹筷最常見，木筷大都上漆，也有描繪紋飾於筷子上半部。台灣初期也有部分來自大陸閩粵地區傳入之象牙筷子或銀筷子，這種筷子使用並不方便，銀筷的上半部常於一側飾一鏈子使一雙筷子連接在一起，以預防失落。裝筷子的筷筒，常掛於壁上，有陶瓷、竹木雕刻、漆製、錫製、銅製的各種類型。

飲用器皿以茶具最為重要，早期台灣農村，大都用一種本地燒的醬釉陶壺，容量極大，胎厚有提梁，上飾刻花紋飾，農村喝茶，嫌茶杯容量小，都用這種大茶壺，喝茶用碗，大口喝茶，才能過癮。當然比較考究的中上家庭，待客奉茶還是用整組茶壺、茶杯，大都來自福建、廣東地區的陶瓷茶具製品，另也銅製、錫製茶壺有紫砂及青花、五彩瓷、黑釉、醬釉等各式茶具，日據以後流行鐵製茶壺。

中饋灶間忙 —— 廚具

廚房中最不可或缺的主要用具，是炊煮器物，一個鐵製炒菜鍋，一個燒水用的高鍋是基本組合，其他是輔助性的炒菜用鐵鏟子、杓子，早期台灣民間的廚房，灶都是用磚砌成，所以一定有煙囪突起於屋頂上，燒火的材料，有木料、稻殼、稻草，城市中雖也使用木炭、煤炭，農村大都就地取材，以稻草為主要燃料，記得農村婦女午後的主要工作，就是到堆著稻草的「草囷」去「絪草絪」（稻草束成一束，方便使用），小孩子負責搬運工作，媽媽束好的「草絪」，一個個落好，搬到廚房的灶口邊堆置起來，這種工作幾乎是日常不可少的例行工作之一。

廚房中一個裝水的大水缸是不可缺少的，這種水缸口稍斂腹大，底平，容量大，大型至少可以裝下十桶的水，這種水缸一直用到今日仍然在農村可見。切菜的菜刀及砧板也是必備工具，菜刀的形制十分簡單，都是木柄的長方形菜刀，砧板都是整塊木頭鋸下成形，圓形厚重，方便剁雞鴨魚肉。舀水的水瓢，大都用乾燥的葫蘆殼對切一半，使用這種舀水工具便宜好用，因為殼已乾透十分輕便，舀完水，放在水缸裡不會沈下，再使用時不會找不到。

梳洗巧趣多 —— 盥洗具

台灣民間的清潔用具，包括灑掃內外的畚箕及掃帚，以及盥洗用器等，前者以藤編製成的畚箕，竹末梢或蘆葦乾燥後所製成的掃把，長、短皆有，每次到過年前的「清唇日」，用長竹桿綁緊竹掃把，清除煙囪，是一年中必備的例行工作。這類竹掃把可以掃到尾巴都禿了，才更換新的，最大的優點，這種掃帚可以用水清洗，可重複使用，十分環保。盥洗用具有洗面水盆、洗面架等，值得一提的是洗臉的水盆，有銅製、瓷製及琺瑯製品。銅製光素無紋，瓷製或琺瑯則常有描繪花卉吉禮寫意紋飾。洗面架常刻飾美觀的紋飾，晚期的還發現鑲上鏡子的式樣，架上可以搭放洗臉的面巾，中段還附有小抽屜，可放洗臉使用的肥皂等雜物。架子底下大都用四條弧形腿，足部刻獸

首，極為優美，這種架子都放在寢室的床邊，方便盥洗，是民間木工藝的代表作品。

巧思好催眠 —— 寢具

臥房中除各式家具外，生活中極為重要的生活用品，是枕頭，一是帳鉤，台灣早期民間的枕頭，最普通的是竹製，用竹劈成長條形，中間採間隔式鏤空，正好枕在頭下，因鏤空可使空氣流通，睡起來清涼無比。還用木條組合構成，作用與竹枕一般，木製均加漆飾，大都是用褐黑色為主色，枕頭兩端加一紅色線飾。布製枕頭，其中有用稻殼或乾的綠豆殼、曬乾茶葉作為填料，製成長方筒形，長約一尺，一般都製一對，枕面平素，枕頭兩側用刺繡裝飾稱為枕頭，大都喜用紅色為底，彩繡鴛鴦、花卉、蝴蝶等圖案，繡工精巧美觀。其他陶瓷枕，因為清涼耐用，亦為人們所喜愛，有長方形、扁方形、還有來自廣東石灣燒製的孩兒枕（一孩兒伏臥形），孩兒枕一般為乳白釉加線彩較多。長、方形枕則以青花枕為主，有幾何紋飾，也有山水風景及花卉紋飾，大都枕面平整，兩側鏤雲形、花形或錢形孔為飾，一則可使燒製時不會開裂，一則也是通氣兼裝飾。

床前兩側，除各式劍帶繡品裝飾外，常見各式帳鉤，早期的床，是八腳眠床，蚊帳在床前垂下，起床後向兩側，將蚊帳掛起，所以有各式木製雕花、獸牙、角製、銀製、銅製的帳鉤，鉤的部位大同小異，都是彎彎的鉤子，裝飾是在鉤子的上部，有凸紋的和合二仙、花卉、蝴蝶，各種刻花、鏤花均具巧思，富於生活情趣，也有各種精美繡飾套起的帳鉤，五彩繽紛，精美雅緻，使寢床點綴得更為美觀而充滿溫馨的感覺。

圖案寓意深 —— 模印具

台灣年中各節及過年，都有製作各式粿或精品作為祭祀供品，粿分甜或鹹，甜的餡用紅豆或綠豆粉加糖製作，鹹的餡有蘿蔔乾絲、酸菜絲或其他菜餚炒製。粿的料，有純糯米加紅色料，即所謂「紅龜粿」，另外用野菜加料，製作「草仔粿」，不論料為何，都用印模來印成各種圖案，使粿更加美觀，這種粿的印模或糕的印模，都用木材刻成凹凸的圖案，使粿、糕印製後，極為好看有趣。

模具都用乾透的木料，刨平製成長方形，下附長長把手，主要在中央雕刻模印圖案，最常見的是龜甲的紋飾，中央為龜殼形，中央加飾福、祿、壽文字，也有周圍刻飾花卉蔓藤紋飾。常見的印模圖案，都採取具吉祥寓意的內容，有葫蘆，中飾「春」字，代表「子孫萬代」

寓意，有雙魚、仙桃、花卉、石榴、福、祿、壽三星，鳳梨、雙錢等各式各樣精美圖案，流露著人們在祭祀時祈求生活美滿康寧的願望，是一種充滿民間意趣的生活用具。雖然昔日農家幾乎家家戶戶均有一、二件，但每次「作粿」，常常數家一起互相幫助，所以模具也是幾家共同合用。用畢必須泡在水裡，去除油漬糯米，仔細刷洗，以備下次使用，所以印模有些刷洗得發白。這些傳留下來的模具，今日雖經近乎百年，仍然牢固可用，圖案刻花刀刀利落，說明台灣早期木刻工藝的卓越水準，其紋飾拓印下來，宛如一件藝術品般，值得令人再三細細品賞。

結語

生活器皿品類繁多，不止一端，本文只例舉大項略加探討。例如早年煙具，有抽鴉片煙、旱煙及水煙等不同使用器材，因而其材質裝飾也有種種不同形制，器面所裝飾風格亦見不同特色而值得品鑑玩味。綜覽往日先民遺傳各式生活用品，材質大都以就地取材的方式，利用台灣所產的各式木料竹材，加以精心設計，製成各種耐用美觀的生活器品，除少數由大陸閩粵地區輸入，幾乎都由台灣工匠自行創作製造，充滿樸拙、簡樸的民間風格，圖飾紋樣流露著知足惜福樂觀進取的生活態度，雖然只是一種民俗生活用品，但不論刻工結構，材質運用，昔日的工匠莫不全神灌注用心製作，不僅考量物品的機能功用，更精心運用巧思傾注情意於其中，因此不論任何一件民藝用品，不僅堅實耐用，兼具功能與藝術美的呈現，將工藝之美充分表達，今逢全世界速食文化不斷衝擊之際，讓我們從先民對「物」的態度中，真正體會學習台灣先祖代代相傳的這份寶貴的無形文化遺產吧！

（本文作者現任國立歷史博物館編輯）

參考書目
1. 連橫，《台灣通史》，台灣省文獻委員會，1986。
2. 何聯奎、衛惠林，《台灣風土志》，中華書局，1956。
3. 常任俠，《民俗藝術考古論集》，正中書局，1947。
4. 顏水龍，《台灣工藝》，手工業研究所，1975。
5. 席德進，《台灣民間藝術》，雄獅美術公司，1993。
6. 劉文三，《台灣早期民藝》，雄獅圖書公司，1978。
7. 吳瀛濤，《台灣民俗》，眾文圖書公司，1975。
8. 《民俗台灣》，古亭書局（重印），1976。
9. 宋龍飛，《民俗藝術探源》，藝術家出版社，1985。

敦厚之美

——關於台灣早期傢具的一些觀察

陳勇成

前言

　　台灣早期傢具的研究在整個中國美術史領域裡一直是未被重視的，然而，在近年來本土研究學科的興盛下，有關台灣本土的一切學術性研究儼然成為現今台灣學術研究上的顯學；但即便是如，此在建築與傢具向來被稱為大小木作的這個關係上來看，比起建築，台灣早期傢具的研究仍然未被大多數的人們所重視。所幸在中國明、清傢具的地位漸受世人注目下，近來開始有一些人重新審視與面對長久以來被人們忽略的「台灣早期傢具」[註1]，也終使台灣早期傢具漸漸能有自立成一研究之新興範圍與領域的可能。

　　在研究傢具的過程中，我深切地體認傢具與建築的密切關連，這點我們可自流傳已有五、六百年的《魯班經》的流傳演變可窺知一二[註2]。尤其在台灣現今社會對古蹟、文物普遍不受重視的惡質環境下，目前可見的早期傢具之數量與品質，實在是不足以讓我們完全的窺知早期傢具的種種風貌，所以在與傢具有親密血緣關係[註3]的建築物上，我們絕對不能不去認識與注意。另外，建築作為提供人們生活上可以圍蔽的空間，而傢具則為建築空間裡不能缺少的擺設器具與人們生活起居上的必用品，二者實互為表裡，除了共同的反映出先民的生活智慧外，其二者的外在形式更直接顯露了一個民族的文化象徵意義。

　　所以，我們對傢具的探究，在了解其形制、風格、結構、做工、材質等的同時，也應對一個地方的生活習慣、地理環境、經濟的發展以及歷史的背景與文化去做認識與體會，如此方能透見與人們生活息息相關的傢具其真正精神意涵。以下僅就我對台灣傢具研究過程中的一些觀察，分別以「台灣早期傢具的文化溯源」、「台灣早期傢具的形制與種類」和「台灣早期傢具的用材」等三者，來探討研究台灣早期傢具不能忽視的一些問題[註4]。

壹、臺灣早期傢具之文化溯源

　　傢具作為我們日常的生活器具，它除了為人們生活上帶來許多便

利外,事實上它更間接的反映出人們的生活起居方式、社會的經濟發展、人類的科學智慧以及精神文化的表現。當然我們如果反過來從社會發展與文化層面來看,它們也必定是一種互為因果的關係。所以研究台灣傢具,對文化向度的了解是應該最先也是必須做到的。

一、台灣的移民與中原的血緣關係

台灣的文化本源自中原,島上的居民除少部份的原住民外,其餘大都來自閩、粵二地,而閩、粵的居民正是魏晉五胡亂華及唐末黃巢之亂二次的大遷移時移入的中原士族。閩粵的開發在上述的二次大量中原士族的移入後,至宋朝已呈現出全面的開展,尤其南宋期王室

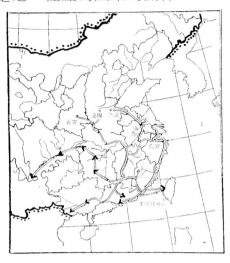

閩南、客家流徙圖
摘自黃永川著「台閩與中原文化」

的南遷,江南成為中國當時政治、經濟與文化的中心,而此時的泉州更躍升為世界最大的工商港口以及造船中心。至明代中葉以後,閩粵人口壓力增加以及南方戰亂、飢荒連連,人民為避禍、謀生,雖當時台灣為荷人所據,仍有多數的沿海居民冒生命危險渡海至台灣或貿易或定居開墾。

明末清初時,鄭成功的入台應是台灣較為正式大規模移民屯墾的時期,其入台除安撫居民、實施屯墾,並設一府二縣,公告法令,這對台灣來說應是第一次有中國官方式的統轄管理與規模的開發。在鄭氏領台期間,台灣的人民(包括原住民之孩童)也終得教化滋養,中原的文化也得以傳承,此時台灣的開發一切正步入安定之境[註5]。清康熙二十二年(1683年)施琅征台後,本有遷民棄地之議,後經施琅大力陳其利害,終獲保留;並設台灣府隸屬於福建省,下設台灣、鳳山、諸羅三縣,至此台灣終歸與中國同一個行政單位。但清廷唯恐台灣再度成為反清復明之,所以早期只圖安定,並未有積極開發經營之意,直至同治十三年(1874年)日軍犯台,沈葆楨主持台防,清政府的經營政策才有所轉變。然在此一時期,雖清政府政策消極,但台灣的人民卻積極努力,這完全是歸功於幾百年來,在台灣刻苦環境中所創造出的台灣精神,而台灣的開發與成就,亦可說是台灣人民自己所

成功創建,當然我們也可說是其內在黃土中原士族堅忍精神的再度發提與光大。

二、中原文化與台灣早期傢具

由漢民族的拓展過程裡,我們可以看見東南閩粵沿海一帶是其過程中相當重要的一個階段,原因是此地保留了中原古老的文化精髓[註6],或者說是漢民族最純真的常民文化,而台灣亦是在此階段中一個舉足輕重的地區。台灣的地理環境對古中原文化的保存是其他地區所未能及的,只因在中國大陸各地饑荒、動亂之時,唯有台灣能默默的承載著紛紛逃離避亂的人士。然而因為移民的進入,伴隨而來即是當地的文化,其中包括生活習俗、建築風格與傢具形制……等。我們可以清楚地在其生活環境裡的建築、傢具等的形式特質上,看見漢民族的文化原型的反射,當然其間一定有對台灣特殊的地理環境所做的「生態適應」[註7]。

常民文化相對於帝王、貴族文化,它是屬於普羅大眾的,它在最廣大的民間,傳襲著一代一代先人的文化與智慧,這種文化的精神也是使整個民族文化得以流傳不致消失的主要原因之一,而這也是我漢民族留給我們後世子孫的最大寶藏。台灣的傢具,正是在上述的背景下所產生的一種生活上的文化表現。或許台灣的早期傢具不如宮廷傢具的精雕繁縟,也不是大賈豪紳的一昧奢華;但它卻是把最真實的常民生活文化反映出來,樸實無華、厚拙凝重,即使在進入經濟開展的全盛時期,此時的傢具雖有細工精緻的一面,卻也蘊醞著漢文化中渾厚、典雅、人文的氣息。此刻,在我們重新端視台灣早期傢具的同時,能夠從大化的角度切入,相信你我定能深刻地感受到台灣早期傢具的敦厚之美。

貳、臺灣早期傢具之形制與種類

明末以後,台灣的漢民族移民由於閩粵一帶困苦的環境,加上漢民族之堅定意志,使得早期在台灣拓殖的移民有著植根與長住的打算,所以順理成章的將故鄉的建築文化移植進來,並帶入其根深蒂固的傳統習俗與內涵[註8]。早期移民之生活因一切待舉,所以生活上之食、衣、住、行皆需自給自足,普遍以茅舍作為暫時的蔽體之所,生活寢具亦是一些以簡單實用為主的自製傢具;但移民一般經過二代以上的拓殖,只要稍具能力,都會以建造代表富有的瓦厝來替代原有的茅舍,屋舍既立,當然與之搭配的室內佈置、傢具器物自是不可或缺。隨著開發的腳步以及城市聚落的形成,台灣建築與傢具的相互依

存影響的共生關係，便一步步開展出台灣獨特的生活居住文化。

一、關於台灣早期傢具之形制與風格

　　在形制與風格上，台灣的傳統建築是承中國南系建築中閩浙沿海區域及粵東地區之一支；而台灣早期傢具的形制亦是沿襲自中國之南系傢具。一般常言台灣的傳統傢具式樣以清式傢具為主，且大都屬閩南式、廣式和蘇式傢具。但我認為如此界定並不甚恰當，因為在現今在台灣，我們所能見到的傢具中，也不乏著明式風格明顯的傢具，諸如：元寶櫃、圓角衣櫥（合櫥）、翹頭供桌……等。再者，台灣的早期傢具不似清式傢具及廣式傢具繁瑣贅複、雕工繁縟者，亦佔了不少數量；另外蘇式傢具為清中葉以後，受廣式傢具的影響，運用其明代蘇作傢具傳承的精良技術，衍生成為自己之風格[註9]，由此可知，台灣受其影響所及，至少也是清中葉以後的事了。最後，值得一提的是，台灣早期傢具之形制、風格的發展與變化雖然有上述幾種樣式風格的

台灣、元寶櫃（此桌之牙板（插角）已佚失）

明、帶翹頭二屜櫃櫥（錄自王世襄《明式傢具研究》）

台灣、元寶桌（此桌之牙板已佚失）

明、素悶戶櫥（錄自王世襄《明式傢具研究》）

台灣、雙聯布櫥　　　　　　　　明、有櫃膛圓角櫃　　　　無櫃膛圓角櫃
　　　　　　　　　　　　　（錄自王世襄《明式傢具研究》）

參入影響，但以傳統漢體系統的傢具來看，未受影響者卻也確實佔了台灣傢具裡頭的不小地位與份量。所以如要對台灣早期傢具作一傢具史上的定位，我想仍然有許多的問題待我們去思考與發掘。

二、台灣早期傢具的種類

　　關於台灣早期傢具的分類問題，長久以來一直未被討論，之所以提及此問題，主要是導因自我在研究過程中，發現台灣與內地傢具在種類上的差異，這或許也正好符合人學上所言的「生態適應」的論點。另外，比起內地傢具，除了新的用具的產生，在中國傳統的傢具種類裡，台灣的傢具也有其獨缺或者較少出現的器具（如，炕几、榻、屏風、羅漢床……等）。所以，我們可藉由對台灣傢具種類的探究，進而認識到中國南與北、地方與中原的生活形態差異。台灣的傢具至此終朝向了自成一格的發展方向，也呈現出其地方區域性的獨特風貌。以下僅就台灣開發的幾個重要時期階段，試談台灣早期傢具的種類極其發展。

　　台灣早期傢具的發展約略可分為下列幾個時期[註10]：
（一）早期拓墾階段（明鄭～清乾隆二十五年海禁解除，1661～1760年）

　　此時期的傢具多為因陋就簡的民生用品，但據清康熙五十六年官修《諸羅縣誌》卷十物產誌、器之屬所載，此時生活起居必備的傢具之種類應大以備置（如：棹、凳、床、衣架、轎……等）。並且因生態環境適應的問題，早期的移民們亦發展出移墾生活所需的特殊傢具

台灣、福杉蓋頭櫃（第一期之範例）　　台灣、錢櫃（第一期之範例）

註：此時期之傢具已不可見，但其形制仍延續至日據時代，今僅以二者較為典型者作範例之。

如大櫃（錢櫃）、甲萬（可能為蓋頭櫃之類爾）註11等。這個時候的傢具無所謂的美感考究的問題，卻也散發出樸實純簡的風貌。

（二）成長階段（清乾隆二十五年～咸豐十年簽訂北京條約，1760～1860年）

　　海禁的解除使中國沿海的移民大量湧入台灣，隨著人口的增加，人們平日生活所需的日用品、器物、傢具……等其需求量亦隨之增加。

　　此時期「郊行」紛紛設立，透過與內地日益頻繁的商業貿易，台灣此時期的經濟發展日趨富裕，來台發展拓墾略有所成的移民者，開始在台灣各地興建自己的園林宅院，並且以能聘請到唐山師父為榮，

台灣、菜櫥（第二期之範例）　　台灣、桌櫃（五斗櫃）（第二期之範例，可參考本書之黑紅漆之書桌並作比較）

台灣、公婆椅（第三~四期之範例）　　　　　台灣、化妝桌（第四期之範例）

由於唐山師父的來台，台灣的傢具製作技術得以提升。尤其到了道光、咸豐年間，北部艋舺已臻至極盛時期，水上商船往來，路上人煙稠密，咸豐年間流傳的「一府、二鹿、三艋舺」似乎說明了台灣的西部由南至北已全面開發；在此同時台人也熱中科舉，一時文風鼎盛，鴻儒競秀，人才輩出，而濃厚的書香氣息亦感染在建築與傢具的表現上。所以在這個階段，台灣傢具品類的發展，因經濟繁榮富庶加上製作技術的成熟，以及使用者對新品類的需求，以致舉凡一般居家器具、商店生意櫃架到過去只有少數文人學士方有的書房器具，都成為台灣當時普遍可見的傢具。當然這些製作技術精良、氣質典雅、漢風濃郁的傢具，實創建了台灣早期傳統傢具的黃金時期。

（三）移民文化成熟時期（咸豐十年至光緒二十一年割讓台灣，1860～1895）

北京條約簽訂後，台灣（安平）、滬尾（淡水）、雞籠（基隆）、打狗（高雄）等通商港口的開放，英、法等歐、美「洋行」紛紛於台灣設立辦事處，然而在貿易進出口的同時，他們也帶入了當時西方社會所流行的審美態度與器物風格等，因此在西方觀念的注入後，傢具的種類形制亦漸漸改變，於台灣傢具發展的第四個時期——日據殖民階段（光緒二十一年割讓台灣～民國三十四年，1895～1945），在日本將其於明治維新時所汲取到的西方文化，大規模的移植進入台灣後，中西融合的傢具風貌，及更多元的傢具種類，終於逐步的影響了台灣早期傢具純粹的傳統色彩與民族特質；但未受到此種衝擊，仍然

承襲傳統漢體風格的傢具，依然佔有一定數量，這亦是我們應當予以注意的現象。

台灣早期傢具種類一覽表

一、椅凳類：太師椅、公婆椅、腳踏柯、方凳、長凳、大板椅、椅條、椅頭、福州椅（孔雀椅）、竹凳、竹椅、工作椅……

二、桌案類：供桌、八仙桌、帖案、條桌、邊桌、半圓桌、六角合、書桌、茶几（几桌）、花几、化妝桌、呷糜桌仔（食飯桌）、圓桌（月桌）……

三、床榻類：紅眠床（八腳床）、羅漢床、錢櫃床……

四、櫃架類：菜櫥、五斗櫃（桌櫃）、蓋頭櫃、錢櫃、藥櫃、合櫥、衣櫥、布櫥、書櫥、元寶櫃、碗櫥架、飯桶架……

五、其他類：掌櫃桌、火盆、臉盆架、箱（小箱、衣箱……）、燈台、工具桌、金爐（鼎）架、鼓架、雜細架、杏仁架、嬰兒架、鏡架（化妝架）……

參、臺灣早期傢具之材質

台灣地處亞熱帶，地形多高山及河川，崎嶇之山地面積幾乎佔了全島之三分之二。在漢人拓墾台灣之前，台灣的地理環境，除原住民及荷、西外人已開墾之少數平地外，全台之山地仍然是原始森林的面貌。所以，台灣早期的移民，在拓墾期間所需的木材（包括：材薪、房舍、傢具、器具……等）無不直接取自就近地區的木材與竹材。直至清末和日據時代，隨著高山地區的開發，屬針葉樹種的木材漸成為台灣當時製作傢具、器物的主要用材。

家義台灣早期傳統傢具，在台灣早期傢具的特色，諸如：形制、種類、材質、風格……等項目中，材質是一個十分重要的部份。另外，在研究台灣早期傢具的諸多問題中，時代的分析一直是最棘手的，其中材質的選用應是大家一般常用的方法之一。因此，關於台灣早期傢具的探究，「用材」是我們必須認識與了解的。

台灣早期傢具用材之歷史分期：

（一）明鄭至清乾隆二十五年海禁解除時期：此時期傢具用材以平地常見的樟木、茄苳、苦苓與楠木為主，另外，據清官修《台灣府誌》載如檜、蕭朗（肖楠）等高級木材偶有出現，但多半靠大雨後隨洪水飄出，方得以取[註12]。此論當可直接反駁「台灣早期無肖楠、檜木等高級木材」之說，這點在台灣早期傢具的研究，當特別注意之。

（二）清乾隆二十五年至咸豐十年簽訂北京條約：海禁的開放，

與內地交易趨於頻繁，此時傢具已開始自內地輸入，並且亦伴隨著建築所需的建材運進台灣，除上述本地的木材之外，大陸的硬木與福州杉等也被運用做為傢具用材，除此之外，晚期如烏心石、肖楠、石柳、狗骨仔等[註13]貴重木材，隨近山地區的開發，亦普遍用在傢具製作上。

（三）咸豐十年至光緒二十一年割讓台灣：由於北京條約的簽訂，台灣（安平）、滬尾（淡水）、雞籠（基隆）、打狗（高雄）等港口的對外開放，此時由於國際間的貿易帶來新的刺激。外國商人來台貿易出口貨物以糖、樟腦、茶葉為大宗，此種商業的興起，帶動了台灣靠山地區的開發。因以在此時傢具的製作上，其用材比起前期多了許多高山的針葉木材，如烏心石、肖楠、石柳等[註14]。

（四）日據殖民時期五十年：日人的統治下，台灣內陸山區快速開發，紅檜、台灣扁柏、台灣杉、肖楠、烏心石等高級傢具用材一一被開發出使用。此時期台灣傢具的製作又達另一高峰，西洋式或中西融合式的傢具大受歡迎，加上日人在傢具用材上特喜紅檜，所以此時傢具的用材，紅檜佔了極大比例。另外，光緒以來社會的富裕，中產階級的興起，對於如肖楠、烏心石等高級木製傢具的追求與擁有，亦成為彰顯身分地位與富有尊貴的一種方式。但由於貴重木材的優渥經濟利益，造成大量的砍伐使用與外銷，進而導致了現今台灣高級林木的幾近絕種。

結論

傢具，是與人類日常生活息息相關的使用器具，無論是上溯至新石器時代，抑或是在即將邁入二十一世紀的今天，除了因為生活作息、生產方式或文化發展的程度不同，所造成在生活居家使用器具上，會有所謂的精簡或良莠的差別外，毋庸置疑的是，自古至今，在人類文明演進的每一個階段中，傢具的使用都是所有人生活中所不可或缺的。所以，經由對傢具的探究來了解人類的文化，實具有其不可替代的獨特意義。

本文的一些觀察是僅就我個人經驗所得，認為在進行研究台灣早期傳統傢具之前，必須先要釐清的重要關鍵；雖然一時無法全面觸及台灣早期傢具中，所有急待澄清的每一個問題，但期望，這些觀點能使我們對台灣早期傢具有更進一步的認識。台灣早期傢具的可貴之處，在於其蘊含了豐富純真、敦厚樸實的漢族常民文化，這是存在於

同一個時代，但統轄在滿清之下的大陸清式傢具所久缺的；而這更是身為台閩民族的我們所獨有的文化資產。台灣早期傢具的形制種類，提醒了我們文化根源何在？以及為了生存所激發的偉大創建。台灣早期傢具的用材，則見證了先人拓墾的軌跡，曾經步履蹣跚，曾經手胝足，點點滴滴的刻畫著先民建立家園的演進歷程。

研究傢具不單只是對其形制、作工、裝飾……等的探討而已，而應該透過上述的種種角度來洞視傢具的真正內涵；不要因為傢具在我們日常生活中的普遍使用與存在，而忽略了它對我們的文化意義與歷史啟發。工藝自於人類的生活所需，因為時空的替換及環境的變遷，而造就其不同的時代意義和文明表徵；讓我們共同尋回就要消失的台灣早期傢具文化，為台灣傢具的工藝美術在美術史上寫下最適當的註腳，這將會是為保存台灣傳統工藝美術最美好的貢獻之一。

（本文作者現為文化大學藝術研究所碩士班研究生）

註釋：

註 1　近人研究有關台灣早期傢具的論述除李億勳　著《台灣傳統坐椅之研究－以扶手椅為例》一文為學位論文外，其他者則多為學術期刊之論文或其專著之部份提及台灣早期傢具者，如：劉文三　著《台灣早期民藝》、簡榮聰　著《台灣傳統農村生活與文物》與《台灣客家農村生活與農具》、江韶瑩　著《台灣早期傢具概說》、林會承　著《傳統建築手冊－形式與作法篇》、桃園縣立文化中心　編《大溪唐木傢具專輯》、江韶瑩主持《南投縣竹藝博物館研究規劃報告》、簡榮輝・許維民　撰《民以食為天－金門早昔民間廚具之美》、陳啟雄　著《臺灣傳統家具的結構與裝飾之研究》……等。

註 2　自古以來一直是工匠們的作法手冊《魯班經》，目前知道最早的版本為《魯班營造正式》。它的內容只有木結構建築造法，並未提及任何有關傢具之部份，而在經過幾次的翻、刻增編，到了萬曆的增編本《魯班經匠家鏡》才加入了有關傢具的條款共五十二則，並附有圖式。詳見劉敦楨　《魯班營造正式》一文載《文物》1692年第2期。

註 3　早期傢具的製作，除一些簡單日用傢具（如：凳、工作桌……），一般人能自行製作外，大多數的傢具乃是聘請木工師父所製作的。但早期拓墾時期未有所謂的傢具師父來到，所以，製作傢具的師父多半為建築木工裡的細木師父。

註 4　本文所對台灣早期傢具的範圍界定主要以傳統漢體形制之傢具為探討對象，對於日據後一些變體及中西風格並置的日據時期傢具，並未在本文討論範圍之內。日據時期之傢具在台灣傢具整個發展史中亦是一個有趣特殊、成果豐碩的一個階段，唯因其文化背景牽涉廣闊，故對日據時期傢具之探討，盼日後能有機會再專文述之。

註 5　《台灣外記》卷十三，永曆十九年八月，陳永華啟經曰：「開闢業已就緒，屯墾略有成法，當速建聖廟立學校」。同書又云：「（永曆二十年（1666年））……從此台灣日盛，田疇市肆，不讓內地」。可知台灣在鄭氏的經營之下，除屯墾開發外，也注意到了文化教育的必要。參見曹永和著《台灣早期歷史研究》頁15、16。

註 6　見黃永川著「台閩與中原文化」載《國立歷史博物館學報》第十期。

註 7　「生態適應」係人類學用詞，係指人類在適應其居處環境的行為及過程，所以在上述情形下，台灣呈現出來的是二地互相採借、融合而演化出的獨特文化；然漢民族的母體文化雖經適應，但其精神依然鮮明，參見張至正著《泉州傳統民宅形式初探》。

註 8　李乾朗著《台灣建築史》頁14。

註 9　李億勳　著《台灣傳統坐椅之研究－以扶手椅為例》頁68。

註10　對台灣傢具發展的時間分期主要參見陳蕙平著《大溪傢具之根源、發展及風格初探》
註11　清康熙五十六年官修《諸羅縣誌》卷十物產誌、器之屬，「甲萬」（或稱夾板，以楠木為之，長三尺許，闊尺五六寸，高二尺，上有蓋。啓閉之法，以鐵為機，其制不一，日番鎖，堅牢殊甚，用以貯衣服器皿。）
　　　「大櫃」（亦以楠為之，長七尺，闊三尺許，高三尺，內作兩隔鎖之，制如甲萬，諸為商賈者，用貯銀錢數目，夜以為床，寢其上，防竊盜也。）
註12　《赤崁筆談》：「蕭朗木、大者數圍，性極堅重，入土千年不朽；然在深山中，野番盤踞，人不敢取，洪水飄出，偽鄭取以為棺，實美材也。」，根據此段描述，環顧現今省產樹種，推論當是指名貴的肖楠木，至於寫法，可能為音譯誤寫之故。
註13　清道光十二年修《葛瑪蘭廳誌》及清同治十年修《淡水廳誌》之物產考內皆有此些貴重木材之記載，然較早之清嘉慶十二年修《台灣縣誌》未見有此類美材之記載。
註14　同上。另外，其中之石柳、狗骨仔等，雖非傢具之主要用材，但亦有用於傢具之局部鑲嵌或雕刻上。

主要參考書目及論文：

《台灣研究叢刊》台灣銀行經濟研究室
曹永和　著《台灣早期歷史研究》聯經
程大學　著《台灣開發史》眾文
王世襄　著《明式傢具研究》南天
崔詠雪　著《中國傢具史－坐具篇》明文
劉文三　著《台灣早期民藝》雄獅
李乾朗　著《台灣建築史》雄獅
簡榮聰　著《台灣傳統農村生活與文物》、《台灣客家農村生活與農具》省文獻會
林會承　著《傳統建築手冊－形式與作法篇》藝術家
桃園縣立文化中心　編《大溪唐木傢具專輯》
江韶瑩　主持《南投縣竹藝博物館研究規劃報告》
陳啓雄　著《臺灣傳統家具的結構與裝飾之研究》
李億勳　著《台灣傳統坐椅之研究－以扶手椅為例》
林明燦　著《新竹地區的經濟開發與生態環境的變遷》
黃永川　著「台閩與中原文化」
江韶瑩　著《台灣早期傢具概說》
陳蕙平　著《大溪傢具之根源、發展及風格初探》
簡榮輝・許維民　撰《民以食為天——金門早昔民間廚具之美》
張至正　著《泉州傳統民宅形式初探》
劉敦楨《魯班營造正式》

Ⅰ．信仰

祭日的夜晚／黃則修／1965

民間信仰用品

〈台灣民俗大觀〉／大威出版社／1985

在台灣民間信仰中信眾最廣，廟祠最多的為媽祖。統計全台灣奉祀媽祖廟宇超過八百座。媽祖亦被尊稱為「天上聖母」，但一般通稱為媽祖或媽祖婆，在台灣地區奉祀的媽祖之中，有湄州媽、溫陵媽、銀同媽等，各為大陸湄洲媽祖、泉洲媽祖、同安媽祖的分靈，但都是同一尊神。因歷代皇帝均曾對媽祖敕封，信徒們也常尊稱媽祖為「天后」。

傳說媽祖姓林名默娘，福建省興化府莆田縣湄洲嶼人。父親林愿，母親夢見觀音菩薩示其將產一女，渡濟天下蒼生。果於宋建隆元年（西元957年）生下默娘。「默娘」因其直到彌月均不曾啼哭而得名，自幼聰穎，悟力極高，七歲便獨自過著窗明几淨的生活，八歲入私塾讀書，過目成誦，精通文義，十歲便焚香禮佛，朝夕誦經。十三歲得道士玄通傳授「玄微秘法」，並教以星象、天文及醫術之學，超度眾人，十六歲得以神人授以靈符，潛心研究，學得一身生法術，驅邪救厄，解救鄉民苦難。宋太宗雍熙四年（西元986年）默娘二十八，於重陽節當日在仙童玉女擁簇下升天成神，自此經常顯聖飛騰海上救護世人。

媽祖成為民間信仰的神祇，大約是在南宋以後，從東北遼東至東南閩粵沿海居民，無不尊奉。而關於媽祖的故事亦流傳極多。清康熙21年皇帝封媽組為「護國庇民靈妙昭廣仁慈天后」，道光年間再封為「天上聖母」，至此其神格地位鞏固不搖。

千里眼、順風耳為媽祖於桃花山上所收服二妖，一能眼觀千里，一能耳聽八方，與媽祖鬥法失敗後便成為媽祖忠心耿耿的手下，為媽祖眼觀千里災難，耳聽四方哀告。

各組媽祖神像特徵比較表

圖版	品名	特徵說明
	木雕紅面軟身媽祖 Wooden Red-faced Matzu with "Soft" Body	本尊媽祖神像屬紅面媽祖，亦稱為軟身媽祖，原本有可活動的手腳，並穿戴袍服，均已脫落。造型渾圓樸拙，底部較寬，頭部雕工細緻，頭戴圓帽，耳後亦有頭飾，面部表情笑容可掬，較一般媽祖面像之莊嚴多出一分可親感。紅面媽祖代表媽祖之凡人面相，另有烏面媽祖為救難面相，金面媽祖則為得道之身。
	金衫粉面媽祖、千里眼、順風耳 White-faced Matzu with Golden Cloak Good-eyesight, Good-hearing	本尊粉面媽祖面容豐腴，雍容華貴，端正莊嚴，底座金碧輝煌，共有金漆、鈷藍、朱紅、石綠四色，千里眼為肉身，順風耳為藍身，二將均著金衫，飾以藍、綠二色，底座黑色，木色刻花。
	粉漆紅面媽祖、千里眼、順風耳 Red-faced Matzu with White Paint Good-eyesight Good-hearing	本尊媽祖亦為紅面媽祖，即為凡人面像，造型端莊秀麗，部分漆已脫落，但仍顯示神像藝師之工藝卓越。三神均上金漆、鈷藍、石綠、朱紅四色，色彩鮮豔，歷久不退。順風耳尤具特色，一反耳聽千里姿態，左手握拳，右手持靠腰間，握有元寶。
	紅面木雕媽祖、千里眼、順風耳 Wooden Red-faced Matzu Good-eyesight Good-hearing	媽祖紅面部分紅漆多已脫落，但仍可辨識媽祖端莊秀麗之容貌，通體亦多露出作為底色之白色膠彩，膠彩之用途為遮掩神像木材紋路。千里眼、順風耳亦經鈷藍、石綠、朱紅三色上彩，但多已剝落。
	紅面媽祖、千里眼、順風耳 Red-faced Matzu Good-eyesight good-hearing	此組造型小巧之媽祖、千里眼、順風耳神像在精巧中亦露出莊嚴之神格。媽祖肘靠扶手，斂容垂眼，似觀憫憫眾生，三神袍服部份均上金漆，千里眼為藍身，順風耳為紅身，一般尺寸上二神將均較媽祖像為小，以突顯媽組像之重要性。
	粉面金漆媽祖、千里眼、順風耳 White-faced Matzu with Golden Paint Good-eyesight Good-hearing	是為較清瘦的媽祖造像，通體大部為金漆，座椅及底部夾以紅、綠二色。千里眼黑身，底座紅、黑二色，左手斷落，原應高舉眼前，順風耳則為紅身，右手斷落，二神將均以紅、綠、絳紅三色相間。

金衫粉面媽祖
White-faced Matzu with golden Cloak
長13公分
寬8.2公分
高19.8公分

金衫粉面媽祖、千里眼、順風耳　White-faced Matzu with Golden Cloak, Good-eyesight, Good-hearing

順風耳　Good-hearing　長6公分　寬5公分　高15公分

千里眼　Good-eyesight　長5.5公分　寬5.3公分　高14.1公分

粉漆紅面媽祖
Red-faced Matzu with White Paint
長13.5公分
寬12.2公分
高22.8公分

順風耳 Good-hearin 長5.2公分 寬5.3公分 高13.2公分

千里眼 Good-eyesight 長5.2公分 寬5.1公分 高13公分

粉漆紅面媽祖、千里眼、順風耳 Red-faced Matzu with White Paint, Good-eyesight, Good-hearing

紅面木雕媽祖
Wooden Red-faced Matzu
長11公分
寬10.2公分
高20公分

紅面木雕媽祖、千里眼、順風耳　Wooden Red-faced Matzu, Good-eyesight, Good-hearing

順風耳　Good-hearing　長6.3公分　寬5.2公分　高14.8公分

千里眼　Good-eyesight　長6.3公分　寬5.2公分　高14.8公分

紅面媽祖
Red-faced Matzu
長9.1公分
寬8.5公分
高16.4公分

順風耳 Good-hearing 長5.2公分 寬5.3公分 高13.7公分

千里眼 Good-eyesight 長5.2公分 寬5.2公分 高14.2公分

紅面媽祖、千里眼、順風耳 Red-faced Matzu, Good-eyesight, Good-hearing

粉面金漆媽祖
White-faced Matzu with Golden Paint
長14公分
寬13.5公分
高24.2公分

粉面金漆媽祖、千里眼、順風耳 White-faced Matzu with Golden Paint, Good-eyesight, Good-hearing

順風耳 Good-hearing 長7公分 寬7公分 高17公分

千里眼 Good-eyesight 長7公分 寬7公分 高17公分

木雕紅面軟身媽祖
Wooden Red-faced Matzu with "Soft" Body
長18.5公分
寬12.2公分
高38公分

本尊媽祖神像屬紅面媽祖，亦稱為軟身媽祖，原本有可活動的手腳，並穿戴袍服，均已脫落。造型渾圓樸拙，底部較寬，頭部雕工細緻，頭戴圓帽，耳後亦有頭飾，面部表情笑容可掬，較一般媽祖面像之莊嚴多出一分可親感。紅面媽祖代表媽祖之凡人面，相另有烏面媽祖為救難，面相金面媽祖則為得道之身。

此對造型華麗之金漆千里眼、順風耳為廟裡供奉之神像，二神將黑臉，嘴露獠牙，身穿金衫，衣帶垂地，瘦骨嶙峋，胸露肋骨，手腕、腳腕上均戴金鐲。千里眼手舉於左眼，前似觀千里外之物；順風耳右手指右耳，似聽千里外之音，顯現其為媽祖守護之威武與機警。

金漆順風耳
Good-hearing with Golden Paint
長18.6公分
寬18.6公分
高36.2公分

金漆千里眼
Good-eyesight with Golden Paint
長18公分
寬18公分
高36.2公分

造型奇特,尺寸奇小,仍能表現千里眼、順風耳二神將之莊嚴威武,實為難得。面容五官已難以辨識,更加顯現鬼將出身之氣勢森然,衣飾、底座飾以金色鈕狀紋飾,增添神像質感。

黑色木雕順風耳
Black Wooden Good-hearing
長5.4公分
寬5.2公分
高11.1公分

黑色木雕千里眼
Black Wooden Good-eyesight
長5.6公分
寬5.1公分

木雕七爺
Wooden general Hsieh
長9公分
寬7公分
高27.5公分

木雕八爺
Wooden General Fan
長9公分 寬7公分 高18公分

七爺、八爺即民間傳說中的謝將軍、范將軍（白無常、黑無常）。本名謝必安、范無救，生前是一對極講義氣的朋友，一次約定在橋下不見不散，謝必安因故忘了赴約，范無救於橋下苦等，因約定不肯輕易離開，深夜洪水爆發，范無救緊抱橋墩而被淹死，隔日謝必安趕至橋下，因內疚而自縊而死。閻王感於二人忠義，令其於麾下當差，專司緝惡捕盜，亦有說從祀在城隍廟，專押解人犯至神祇前審判，城隍出巡賽會，必為行列最前端。

此對七爺、八爺神像乃為此次展出神像中精品。七爺高瘦，頭戴高帽，長眉長髮，右手緊握胸前，右腳前跨，神態威武，紅、黑漆相間，底座夾雜金漆；八爺身材矮短，右手高舉神牌，身披紅色彩帶，兩鬢垂地，面目猙獰，左手下握鐵鍊，拘捕鬼犯至陰曹地府。二將面容雕刻維妙維肖，鬼氣森森，能教惡者悔，善者惕。

檀香土地公
God of the Earth
長6.5公分
寬2公分
高9公分

土地公正式名稱為「福德正神」。中國自古以農立國，對土地、五穀容易產生一種自然崇拜的心理。在有虞氏時已有「封土為社」的習慣，殷商時亦已「立石」為社，而所謂的「社祀」就是土地神。

土地公的造形多為溫厚慈祥的中國老爺形象，頭戴平頂的圓帽，身體作坐姿，矮短肥胖，臉部寬圓，眼睛向下微啟，白鬚長垂。

本尊土地公以檀香製作，檀香含有奇異香味，民間對神的傳說觀念中，總帶有某種奇異芬芳的聯想，檀香能吻合此信仰的幻想。

避邪八卦是台灣民宅最常見的厭勝物，出現在家宅的門楣或正樑上，門楣上的八卦為驅煞去邪，正樑上的則是鎮宅安定之用。太極八卦中間多為太極圖或寫「太極」二字，外環八卦這個圖象乃源自於《易經》〈繫辭上傳〉：「易有太極，是生兩儀，兩儀生四象，四象生八卦。」易經素被視為道家最神聖的聖典，太極八卦的地位自然最崇高，太極八卦牌的功力比其他獸牌或字牌要高出許多。

太極八卦牌也常和其他的民俗厭勝物結為一體，主要目的顯然是希望更增威力，成為至高無上的避邪物，完全嚇阻邪魔歪道。

五雷八卦
Charm of the Eight Diagrams with Five-thunder pattern
長28.2公分
寬27.3公分
高2.6公分

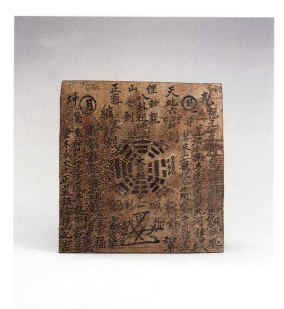

避邪八卦
Charm of the Eight Diagrams
長23.2公分
寬21.3公分
高0.5公分

八卦
Charm of the Eight Diagrams
長10.8公分
寬10.8公分
高7.2公分

對聯
Wooden Tablets
長26公分
寬2.5公分
高198公分

辟邪物,以驅逐邪惡與祈安求福,「邪去而福至」,門聯則為圖文形式的辟邪物。文:「思孝思恭形聲存寤寐,致誠致愨響像著春秋」。應是家廟裡的對聯。

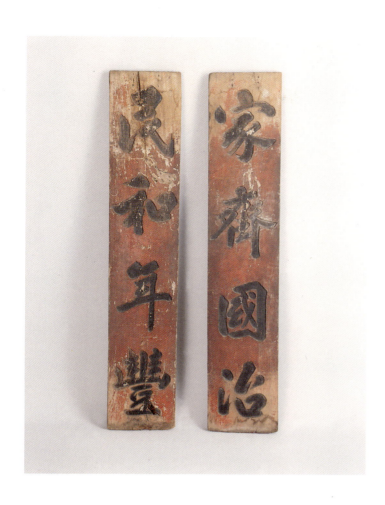

對聯
Wooden Tablets
長25.5公分
寬3.2公分
高134公分

此幅對聯應為廟中之物，上書「家齊國治，民和年豐」，亦可視為辟邪物。

廳堂對聯懸掛示意圖
斗六吳宅／李乾朗〈台灣建築史〉／1993

紅嘴虎爺
Red-mouthed General Tiger
高17公分
直徑16.3公分

虎爺
General Tiger
長8公分 寬5.8公分 高9.2公分

虎爺雖然沒有寺廟供奉為主神，但它卻為封廟.不可或缺的角色。在台灣的奉祀神祇中，土地公和保生大帝皆配祀有虎爺。它們都被安置在神桌下，以供土地公和保生大帝隨時騎用。
此外，虎爺也有驅逐瘟疫和鎮護廟堂的功用，其雕刻造型沒有一定形制，常視藝師的匠心而定，常見的虎爺神像，面貌往往被雕刻得十分滑稽。有人相信虎爺張口，可叼來財富，此應為民間愛財心態之反映。

五營頭
Soldiers of Five Battaliions
長24.8公分 寬8.8公分 高34.5公分

「五營頭」或「五營令旗」是調遣天兵天將的神物。「五營」即以村莊或廟宇（無廟則以神壇為主），依五行方位而設的「兵營」分別為：

東營－東方、青旗、九夷軍
南營－南方、紅旗、八蠻軍
西營－西方、白旗、六戎軍
北營－北方、黑旗、五狄軍
中營－中方、黃旗、三寨軍

五營中有內營和外營之分，內營總兵馬三十六萬，或說三十六營將，係王爺的近衛軍，負責王爺本部的安全防務，其造像大致有「五營旗」和「五營頭」兩類。「五營頭」是在「五營旗」前增列或放置架插放五個小木偶頭像，一般都有頭無身，旗排列方式為中營必在中央，而其顏色亦依五行五色而裝扮，被視為神體奉祀，晨昏點香，但其配備位置必定在殿外神案上，少有置於內殿的。

五營神兵雖有押煞驅邪的能力和任務，但卻不能任意出兵征戰，動用神兵，一定要有主神口喻，而此一口諭儀式，則需透過法師或乩童的「調營」。

製五營頭模具
Moulds for Soldiers of Five Battalions
(左)
長7.8公分
寬5公分
高3.2公分

(右)
長5.6公分
寬3.8公分
高2.5公分

製作五營頭時之模具，面部五官均無特殊性，僅為象徵性的辟邪物。

道冠
A Taoist Priest's Cap
高15.6公分
直徑10.7公分

網巾
A Taoist Priest's Cap
高11.7公分
直徑14.5公分

鳥頭道士／劉文三 ＜台灣宗教藝術＞／1995

無論哪個階級的道士，只要身穿禮服時，頭上都要戴黑色網狀的帽子及金色圓形的冠，稱為網巾和道冠。網巾或稱網紗，和頭冠同為道士最重要的表徵之一，有些道士在私人性質的祭典或規模較小的場合中，甚至不著禮服，僅圍龍虎裙，頭戴網巾和道冠來表示道士的身分，可見其重要性。用來收束頭髮的網巾主要的作用是塑成道士頭，巾頂上繫有道冠，多為木材雕成，上飾有紅、黃、藍、綠色寶石，或雕有龍鳳圖案，冠頂則刻有八卦，象徵頭頂八卦，以增強道士法力。本件網巾以馬尾編成，相當別緻。

道士在執行儀式時，必須依不同的場合與需要穿著不同禮服，為了圓滿執行各種任務，更必須使用許多法器，笏便是其中最重要且常見的一項。笏又稱手板、朝板，或奏板，乃為封建時代大臣朝見皇帝奏報事情的替借之物，道士有事必須謁請諸神時，亦需持笏啟請，其中以謁見三清道祖或玉皇大帝最為隆重，必須以紅布包手，雙手合持笏於胸前，態度極為莊嚴肅穆。

笏（正面）
Taoist Priest's Sacred Tablets
長39-41公分
寬4.7-5.3公分

笏（反面）
Taoist Priest's Sacred Tablets

99

花紋奉旨
Taoist Priest's Sacred Wooden Bar
長12.8公分
寬4.3公分
高3.6公分

素面奉旨
Taoist Priest's Sacred Wooden Bar
長11.2公分 寬3公分 高3.5公分

奉旨也叫封旨、方子或淨板，奉旨乃遵奉三清道祖旨意而得名，淨板為清淨道場之木板而名，一般奉旨側身或刻有凹槽方便手持使用，頂面則稍突起，大多漆成紅色或保持原木色。

封建時代官吏手持四方木塊拍打桌子，木塊在官場上稱為驚堂木，說書場合或私塾中，則稱作醒木，道場中卻叫奉旨。

道場中的奉旨主要作用是驚嚇邪魔外道，也可用來壓平文件，供道士誦讀，醮祭的科儀中，道士念誦經文至一段落，驚拍奉旨以示段落之別。

戒印的功能同奉旨、驚木。道士作法時，一戒、二戒、三戒時均拍打桌面以示段落分明。

戒印
Taoist Priest's Sacred Wooden Bar
長10.3公分
寬4.2公分
高1.7公分

禱者問卜於神，必以擲筊杯為介，其材料多為「竹才」削成如「彎月形」，有兩枚，外突內平，外稱陽，內稱陰。占時擲於地，杯現一陰一陽，此為聖杯，則示神明許諾；兩陽為笑杯，示神明冷笑，吉凶未明；二陰為怒杯，示神明怒斥，凶多吉少。抽籤者先在神明前燒香磕頭，再擲筊杯，得三次聖杯後，才取下籤筒，則為所要抽的籤。為了證實跳出籤筒的是否與神諭相合，還要投擲筊杯，得聖杯則表示此籤為神諭，否則就得另抽一支，直到出現聖杯為止。然後持籤枝上端的號碼查對籤詩，以卜吉凶。此件繫有紅繩的道士筊杯，可於作法時繞繫於脖子上垂掛於胸前，占卜結束無須彎腰撿拾筊杯，是為十分方便的設計。

道士用筊杯
Sacred Bamboo Device of Fortune-telling
長11.5公分
寬3.5公分

道士用筆架
Shelf for Taoist Priest's Brush
長9.4公分
寬2.8公分
高10公分

墨盤
Taoist Priest's Inkstone
長20公分
寬13公分
高5.8公分

道教乃一以文字為主要工具的宗教，因此道士在作法寫符咒時，需有與文人相同之文房用具，此為常見之墨盤（硯台）和筆架。

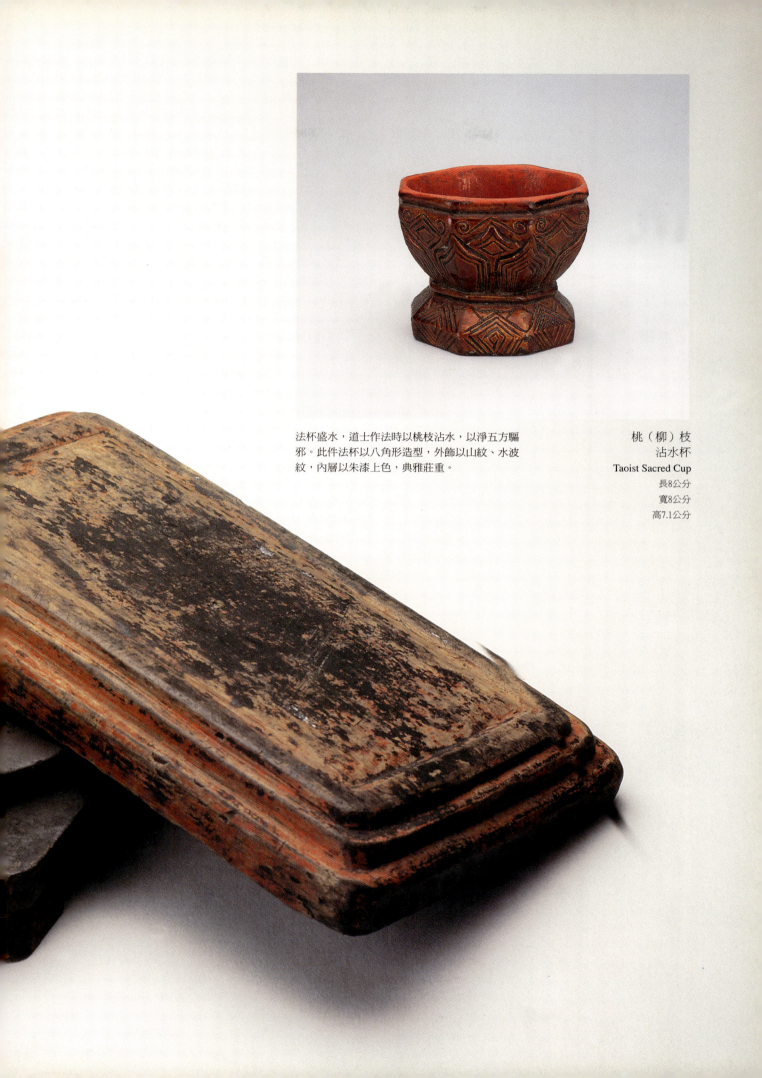

法杯盛水,道士作法時以桃枝沾水,以淨五方驅邪。此件法杯以八角形造型,外飾以山紋、水波紋,內層以朱漆上色,典雅莊重。

桃(柳)枝沾水杯
Taoist Sacred Cup
長8公分
寬8公分
高7.1公分

寶劍是天師教傳下的兩大鎮教寶之一，亦稱劍、法劍或七星劍，是道士斬妖除魔最強力的法器，質材分為鐵製及桃木製。桃木刻成之劍稱桃劍或桃木劍，為道士獨有，劍身上刻有八卦或符咒，是為法力最強、除魔最力的重要兵器，妖魔鬼怪見之莫不退避三舍。此件桃木劍劍柄部分脫落，但劍身上的符咒仍清晰可辨。

桃木劍
Sword Made of Peach Branch
長88公分
寬8公分

手爐是醮壇中使用率最高的道壇用具，其主要使用者是醮事中的福首和緣首，在所有的科儀中都有福首、援手各執手爐，侍之師公之身旁，科儀前手爐多置科儀桌上，在師公上壇禮拜過神明後，即點香枝插置於手爐上，然後由福首、緣首二人向師公行禮，並接過手爐，點立科儀桌之兩旁。
在科儀中持手爐者是代表民眾參與師公一切祭神活動的陪際者。其向內、向外，或點、或跪，或捧物、或接物，悉從壇師公動態，至科儀結束後，才交還師公，放回神桌。早先，手爐所燃均為檀香木，內斗裝香末，外斗燃之，現壇末不易取得，而在外斗鑽孔以插香枝。本件手爐以如意造型，精巧別緻。

手爐
Taoist Sacred Incense Burner
長34公分
高9.4公分
直徑9公分

道士作法時，常手持有舌的鈴鐸，是為帝鐘。以銅製成的帝鐘，鐘內有舌，搖動時用以發出聲響，柄上端呈山字型，稱為劍，是道教三清的象徵，代表懲（玉清元始天尊元始祖）、靈（上清靈寶天尊通天教主）、霄（太清道德天尊李老君）。

帝鐘的功用：有一是召請神靈降臨，因此在請神時，需邊搖邊念請神咒。二是驅趕邪魔，道士施法除煞時也總是一手持鐘不停搖動，以藉著鐘聲達到逐魔的目的。除了醮祭、法會必用到帝鐘，法師主持的牽亡、解運、補運、祭煞等多種場合都不可或缺。（牽亡歌陣法器五寶為帝鐘、奉旨、龍角、烏鑼、木魚。）

帝鐘
Taoist Sacred Bell
高20.3公分
直徑8.9公分

法索，又稱法繩、鞭、法鞭或淨鞭，是道教法器。法師施法時經常揮舞的法索是和妖魔鬼怪纏鬥時最主要的法器，每每施法時，揮得法繩啪啪作響，威風凜凜，令妖魔鬼怪遠遠頓去。

法索由兩部分組成，頸部為木製，上刻有蛇紋圖形或八卦圖，蛇身則用麻或木棉搓成的繩子製成，長約一公尺至三公尺，尾部留有些許繩花，象徵蛇尾。

法繩
Taoist Sacred Rope
長130公分
高14.3公分
直徑7.4公分

獅頭法杯
Taoist Sacred Cup with A Head of Lion
長23.6公分
寬12.3公分
高9.8公分

玉皇上帝印

Seal of the Supreme Deity of Taoism

長5.5公分
寬5.5公分
高6.5公分

玉皇上帝印（印樣）

Stamp of the Supreme Deity of Taoism

玉皇上帝本是道教「元始天王」的尊稱，乃是宇宙萬物的原始，出於諸天之上的至尊元神，是人類的始祖，宇宙的主宰。在民間通俗信仰裡玉皇上帝不僅統轄人間，也統轄儒、釋、道三教及其他各種神仙，兼轄自然神及人格神；所有的天神、地祇、人鬼都歸其管轄，故玉皇大帝是神中的至尊。

此印為供奉玉皇上帝的廟宇所用，係開符用印。

太上老君印

Seal of the Supreme Deity of Taoism

長5.5公分
寬5.5公分
高6.5公分

太上老君印（印樣）

Stamp of the Supreme Deity of Taoism

天師教派下的另一種師傳至寶便是天師印，張天師畫像中的印章，便是天師印，為天師法力凝聚的象徵，此外還有天庭的公印、代表神明的神印以及上刻符籙的符籙印，在道場中供道士使用時，都是廣義的天師印。

無論天師印、法印或神印，多為長方形或正方形，大小並沒任何規定，印文大多刻有神明名號另加「勒令」字樣，除印文外，另刻有龍鳳、太極或八卦圖，目的是增顯印章的威力。天師印，也有用青銅鑄成的，印鈕上都刻有獅形的辟邪獸，道士使用時大多雙手捧持，蓋在符籙上則代表把法力凝在符上之意，若蓋在五方空中，則為驅邪除魔。

邢王爺印
Seal of Nobleman Hsing
長5.7公分
寬5.7公分
高8公分

邢王爺印（印樣）
Stamp of Nobleman Hsing

五雷令
Charm of Five-thunder

長12.3公分
寬5公分
高2.5公分

道教相信萬物有靈，道士在施法行道時，為增強法力，除妖遂魔，必須召請天上眾神前來幫忙，五雷令便是召請眾神及驅使大自然眾神靈最重要的法器。

五雷令又稱雷令、雷牌或令牌，以木雕成，頂圓而座平，可直立於桌上，正面刻有「五雷號令」字樣，背面則刻「總召萬靈」，兩側則刻有二十八星宿名號，圓頂部分則刻有「霄、霓、電、霓」或「雷霆號令」等不一而足，除了可召請天上眾神與雷神相助，本身更具有辟邪的功用。

用途特殊、法力無邊的五雷令大多僅在特別重要的場合或醮壇內場中才會使用，以免由於濫用而失去它的莊嚴與神威。

神牌
Taoist Sacred Tablets
長22-35公分
寬10-16.7公分

法神牌亦稱五斗神牌,上繪有五方神煞圖,用於過關或其他法事,每組均為五片,名稱不一,內容不同。

葫蘆形神牌亦為法事中使用請神之神牌。

111

葫蘆形神牌
Taoist Sacred Gourd-shaped Tablets
長33公分
寬6.6公分
高0.6公分

乩筆

Taoist Sacred Device of Fortune-telling

長39公分
寬26.4公分
高9.9公分

民間扮演靈媒的角色有童乩、法師、道士等多種，此外另有一種由特殊的擔任起童重責的乩筆，乩筆或筆頭因地域之別而有不同的名稱，都是指可藉以起童的物品，一般都是兩叉或三叉的木頭。

清光緒末年由大陸傳至台灣的宗教組織中有降筆會，或曰扶鸞會，便以善於扶乩請神著名。他們假托神明下降，宣示神意，預言吉凶，扶鸞多在寺廟行之，由善男信女醵款建鸞堂，奉祀玄天上帝、王爺、張仙師等，神案前置一方桌，桌上擺一沙盤，以一丁字型木架，安放其中，懸錐於架之直端，由兩人扶其橫兩端，用法術，請神至，畫沙成文成，或示人吉凶休咎，或為人開聖方。

乩童在起乩之後，為表示神靈附身，刀槍不入，又為了見血以避邪，同時表現面見神祇的誠意，操五寶成了最普遍的行為。五寶乃指七星劍、銅棍、月斧、鯊魚劍和刺球五項，操演時雖然沒有一定的順序或主從關係，但五寶卻分屬五行中的五個方位：東營是七星劍，南營是月斧（或說銅棍），西營之寶為銅棍（也有說操鯊魚劍），北營是鯊魚劍（也有說月斧），中營為刺球。調五營或入廟時必依五行方位，東南西北中順序操演，每至一方位換一種巫器，且必須且血才能換樣。每一種巫器的作用也都不同，劍以砍、劈為主，銅棍可扎，刺球以刺，鯊魚劍為砍，月斧的功用是剖，乩童依不同特性操演，也依不同特性逐魔驅邪。

銅棍
Copper Stick
長64.5公分
寬8.5公分
高8公分

〈台灣民俗大觀〉／大威出版社／1985

圓形刺球
Thorn Ball
直徑15公分

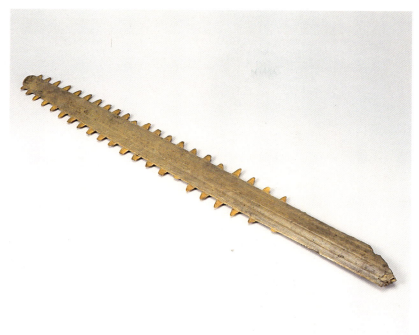

鯊魚劍
Sword of Shark Bone
長68公分
寬8.3公分

碰上重要廟會或神明特別指示時，發輦的乩童亦常作「穿銅針」、「揹五鋒」的特殊打扮，所謂「穿銅針」也叫「銅針穿金口」，以一支或兩支或成人等高的銅針貫穿嘴頰，其穿法有一孔也有雙孔，一般的銅針多細長，但近來亦見過拇指粗的銅針，雖只穿一孔，不過乩童隨時都得用手扶住，否則嘴巴無法承受。穿銅針前乩童必須先喝些米酒，它的作用就像打麻醉針一樣，拔出前必須仰首再喝幾口米酒，以減輕疼痛，銅針除了穿金口外，亦有扎手臂和肩背的。

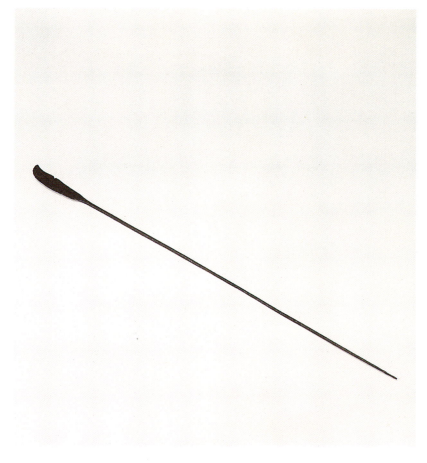

銅針
Copper Needle
長60.6公分
寬2.4公分

龍角
Dragon Horn
長25.5公分
寬12.7公分
高4公分

龍角是類似法螺的降神法器，道士一手持帝鐘搖動不停，另一手持著龍角。
龍角大多用牛角製成，也有少數以錫為材的龍角，牛角因自然成形，彎曲度較小，角身並無裝飾。最多刻上北斗七星圖案。

道士作法鑼
Gong
高2公分
直徑12.5公分

在祭神或喪葬祭祀法會上，配合小鼓、木魚、響板一起使用或單獨使用，做為法會各個過程的「引子」或做為誦經、念咒的節拍速度的控制與調節。

橢圓木魚
Fish-shaped Wooden Drum
長14公分
寬8公分
高2.5公分

木魚和銅鈸是一對不能分開的通神樂器,以木為材,雕刻魚紋而得名的木魚。大多漆成朱紅色或咖啡色,也有保存原木色者,是一種中空的打擊樂器,另配有一鼓棒,不用時可穿插在魚口中,佛、道兩教通用的木魚,大小形制不一,大的可如鼓大小,小的約莫碗口,大唯一的限制是必須和銅鈸的大小相當,否則一大一小,必讓人感到不倫不類,發出的聲音低沈而凝聚的木魚,都於誦經時連續敲擊和銅鈸相互配合,倒成一種特殊的宗教語言。
此件木魚造型古樸,以簡單橢圓刻化魚形,烏木閃閃發亮,顯現長期使用下的歷史感。

竹製獅頭魚身木魚
Fish-shaped Bamboo Drum with A Lion's Head
長12.3公分
寬5公分
高2.3公分

獅頭魚形木魚,取吉祥寓意,生動可愛。

鈸
Copper Drum
高2公分
直徑7.5公分

鐃鈸是北管樂必備的樂器之一,發出的聲音甚為喧吵,一般人都以「抄」稱之,民間信仰中「抄」也是重要的樂器,道士使用它,傳可驚退妖魔。以銅製成,兩片組,呈圓形,中間有一隆起圓形鈕的鐃鈸,乃是用兩片合擊而發出聲音。道士在進行法事時,大多隻手各持一片互擊;作為道教音樂時,樂師則將一片平置於一鐵環上,用另一片擊拍,兩種使用方法雖不同,但效果則完全一樣。

鐃鈸
Copper Drum
高3.2公分
直徑21.3公分

較小型的道士用鈸。

嗩吶
Taoist Trumpet
長30.4公分
直徑6.5公分

原為樂器,道士則用為法器,有替諸神鳴鑼開道之功能。

雙龍柱神龕
Wooden Shrine with Two Dragon Pillars
長79.5公分
寬48公分
高76公分

廟宇神明崇拜亦是台灣民間信仰的核心，台灣地區供奉的廟宇神明自海上守護神媽祖、玉皇上帝、城隍爺，乃至源自佛教的觀世音菩薩，均是人民精神生活的重要皈依。是故對廟宇神像的供奉，也就格外重視。神龕即為廟宇中為神像供奉，保護神像免受廟中長年煙薰污染所製作的。本座雙龍柱神龕造型刻飾均極盡華麗之能事，儼然是為廟宇建築縮影。

朱漆雕花神龕
Wooden Shrine with Red Paint
長76公分
寬47公分
高95公分

本件神龕通體以紅、黑、金三色上色,古樸典雅,並以扇門為神像增添一層保護,扇門雕花裝飾代表春、夏、秋、東四季。

朱紅神座
Red Sacred Table for Idols
長27.2公分
寬22.6公分
高11公分

安放神像的台座，造型與供台相似，坊間有大陸神像為神像與台座分開，而台灣神像與台座相連一說。

保安尊王出巡時的座轎，神明出巡乃是傳統農業社會一年一度的盛事，通常在神明生日前後均有隆重的建醮儀式，接著便是神明對所轄境地的例行出巡。此風俗可能源自古時天子出巡，而神明威權更高於天子，人民對其景仰與出巡時儀禮之慎重，不亞於天子巡幸。展出有出巡時用的執事牌－「迎神出巡閣牌」（南港天上聖母）、「陣頭用具」、「提燈籠器」、「神斧」為出巡隨行八家將的行頭。台灣的通俗信仰中，八家將是最常見的主神部將，主要任務是驅魔逐煞，緝拿罪犯，八家將的主要成員包括使役、交差、武差、范、柳、甘、謝及春、夏、秋、冬四神，各有不同的任務和執司，在主神出巡的行列中走在最前面，十分顯眼亮麗，也最引人側目的。

保安尊王紅蓋葦轎
Sedan Chair for Idols
長66公分
寬46公分
高94公分

迎神出巡閣牌
Tablets for Matzu's Parade
長148公分
寬30.5公分

陣頭用具 Candlestick for Taoist Parade 長157公分 寬12.7公分

提燈籠器 Lantern Holder for Taoist Parade 長143公分 寬3公分

〈台灣民俗大觀〉／同威出版社／1985

神斧
Sacred Axe for Taoist Parade
長55.1公分
寬19.8公分
高4.1公分

蘇府王爺手轎
Handy Sedan Chair of Nobleman Su
長35公分
寬31.5公分
高44.5公分

手轎也是降神的一種媒介，乩童手握手轎，神明降臨，藉手轎所書寫的「轎仔字」，如同乩筆寫的「乩」字一樣能預言休咎，但需「桌頭」－即看得懂乩字的人來詮釋乩字，這就是一般講的「關輦轎、豎桌頭」。

蘇府王爺、池府千歲均是「王爺」。台灣的王爺信仰源於閩南，閩南地區的王爺人數多達三百六十位，而王爺信仰也是台灣民間信仰中最普遍的神祇之一，無論廟祠之數量或信眾之人數都堪與媽祖媲美。「王爺」即瘟神的化身，古代對瘟疫這一急性傳染病束手無策，一旦染病，十有九死，百姓極端恐懼，惶惶不可終日，所以瘟疫一旦發生，百姓常常捨醫藥而就鬼神，紛紛到寺廟祈禳，或延請巫師到家中跳神驅邪，希冀借助超自然的力量來消弭瘟疫，逢凶化吉。

池府千歲手轎
Handy Sedan Chair of Nobleman Chih
長29公分
寬25公分
高33.5公分

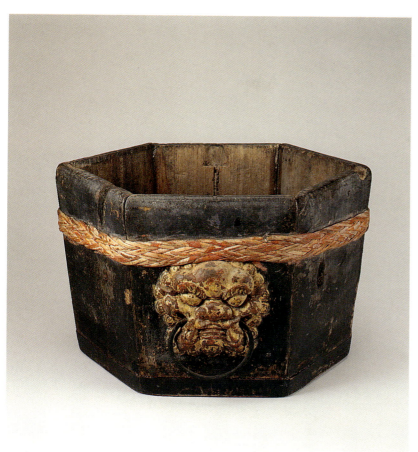

無論禮斗植福，或醮祭法會，斗燈為最主要的辟邪祈福之物，乃由米斗盛米點燭，斗內由兩方斜插木劍，中間置一面圓鏡及剪刀、尺、秤、菓盤、錢、土等，並在桌前供牲禮。

斗原指北斗星，後引申為萬物之源，道教認為宇宙的中心即在斗，故有拜斗之禮。一般禮斗科儀中採用方形斗，民間斗燈多用圓形，本件為較少見的六角形斗。斗內所插之物象徵四方神獸：劍－青龍（左），尺－白虎（右），剪刀－朱雀（南），戥子（秤）－玄武（北）。

民間祈福斗燈可分長期安奉（一年）及臨時安奉兩種，前者大多在寺廟春秋禮斗法會時安置，後者則在建醮或特殊廟會，或者盂蘭盆會時安置斗燈，斗燈最主要的功能則為「禳境內邪鬼，祈求天賜福祥，闔家平安，士農工商各業興隆」。

將米盛於斗中，上插各種器物，由點燃油盞長明而成的斗燈，主要乃是要結合米與燈的功能。自古以來，米為民間最普遍的辟邪物。燈則為傳達光明與溫暖之物，斗中長明的燈寓有生生不息，神采煥發之意。

六角斗燈
Hexahedral Sacred Lamp
長27.5公分
寬30.5公分
高30.3公分

圓形斗燈，為一般民間所用。上漆字樣「金長發」應為供奉商號。團花筒亦為斗燈，內層刻成三瓣花飾，為其特殊之處。

圓形斗燈
Round Sacred Lamp
高23公分
直徑17公分

團花斗燈
Sacred Lamp with Floral Patterns
高12公分
直徑13公分

籤筒、籤
Sacred Lottery
高41公分
直徑15.8公分

籤筒
Sacred Lottery
高19.6公分
直徑7公分

卜龜殼卦
Turtle Shell of Fortune-telling
長9.8公分
寬7.1公分
高4公分

抽籤乃善男信女求神問卜較為普遍的一種方式。「籤」乃是長條竹片上註天干地支或籤號，以「籤筒」裝之，高一尺餘至二尺不等，廟壁附各籤號之籤詩，以俚詩為籤語，預卜吉凶，休咎禍福。

利用龜殼來占卜的習俗可以追溯至殷商時代，惟殷商時是直接將龜甲置於火中燒炙後，再取出視其裂紋來判斷吉凶。現在則是在龜甲中丟置五塊銅板，雙手拿起搖動幾次後，將銅板倒出，便可根據銅板的正、反面，來論斷運氣的好壞，以及事件的吉凶。

禱者問卜於神，必以擲筊杯為介，其材料多為「竹木」削成如「彎月形」，筊杯有兩枚，外突內平，外稱陽，內稱陰。占時擲於地，杯現一陰一陽，此為聖杯，則示神明許諾，兩陽為笑杯，示神明冷笑，吉凶未明，二陰為怒杯，示神明怒斥，凶多吉少。抽籤者先在神明前燒香磕頭，再擲筊杯，得三次聖杯後，才取下籤筒，則為所要抽的籤，為了證實跳出籤筒的籤是否與神諭相合，還要投擲筊杯，得聖杯則表示此籤為神諭，否則就得另抽一支，直到出現聖杯為止。然後持籤枝上端的號碼查對籤詩，以卜吉凶。

竹根筊杯（大）
Sacred Bamboo Device of Fortune-telling
長11公分
寬7.3公分
高3公分

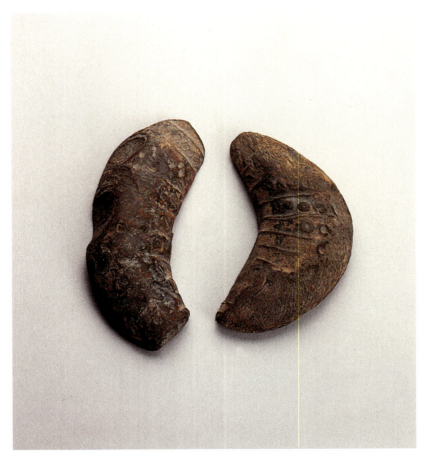

竹根筊杯（小）
Sacred Bamboo Device of Fortune-telling
長8.2公分
寬3.5公分
高1.3公分

紅筒燭臺
Red Candlesticks
高33.7公分
直徑5.7公分

八角燭臺
Octahedral Candlesticks
長11公分
寬11公分
高12公分

木製燭臺
Wooden Candlesticks
高14.3公分
直徑10.3公分

石獅燭臺
Stone-lion Candlesticks
寬5.4公分
高11.5公分

供奉神明有所謂五寶，乃：香爐（一座）、燭臺（一對）、花瓶（一對）。於神案前點燃蠟燭，以示長明與虔誠，香煙裊裊，燭光照映，使民間信仰中對神明的崇拜更增添神秘氣氛。「紅筒燭臺」以竹筒雕製，上書傳統吉祥物以象徵祈福之意：「鳳毛麟趾，鶴莫（壽）龜齡」。「八角燭臺」與「木製燭臺」造型較為簡易，「八角燭臺」底部上漆，「木製燭臺」樸實無華，僅以原始木材刻製，不加紋飾，頗能顯現台灣文物之常民風格。「石獅燭臺」是一對以石獅為造型的小型燭臺，二獅回首相望，左方母獅腳下的幼獅與母獅濡沫之情，使肅穆的神明崇拜亦有一份趣味。獅背上有孔，可插小型蠟燭。

燭臺
Candlestick
高48.6公分
直徑5.4公分

六角形燭臺,可垂吊於出巡神轎前方

素面香爐
Plain Incense Burner
長15公分
寬9公分
高9.6公分

福壽祖先香爐
Incense Burner of Fortune and Long-life
長14.3公分
寬10.7公分
高11.2公分

香爐乃信眾於捻香祭拜神明後，插置香的爐座。此次展出幾座香爐造型均古樸典雅，「素面香爐」頗具平埔族文物特色，飾以紅、藍二色條紋，「福壽香爐」正面書福壽二字，亦象徵崇拜祖先同時祈求現世子孫長命多福的心願。「天上聖母石製香爐」為供奉媽祖的簡易香爐。「軸形香爐」為漁船上船民所使用。

天上聖母石製香爐
Incense Burner for Matzu
長10公分
寬8公分
高6.8公分

源自道教信仰的「玉皇大帝」是自然具體的「天」，俗稱「天公」，民家每在廳前高懸一個香爐叫「天公爐」，虔誠者每月初一、十五，甚至每日早晚都要上香。

天公爐
Incense Burner for the Supreme Deity
長19公分
寬19公分
高14.5公分

敬盒
Table for Offerings
長22公分
寬10公分
高11.7公分

神案前敬奉祀酒之敬盒，亦稱薦盒，亦有梘盒之說，「敬盒」與「鋸齒紋敬盒」底部的鋸齒造型為平埔族特有風格。「朱紅敬盒」為本次展出較為華麗的敬盒，「敬盒」中有三羊（陽）開泰之紋飾以寓吉祥，「團花敬盒」採石製花葉圖案，應為一般人家使用。

軸形香爐
Axle-shaped Incense Burner
高5公分
直徑2.2公分

供台
Table for Offerings
長47公分
寬21.4公分
高15公分

鋸齒紋敬盒
Table for Offerings with Teeth Motif
長17.5公分
寬10公分
高9.4公分

供台亦為神明桌上供奉四果的台座，本座供台為少見精品，四足仿獸足造型，雕工細膩，前後紋刻亦有變化，非一般工匠之作。「敬果盤」亦為供果用。

朱紅敬盒
Red Table for Offerings
長44.5公分
寬9公分
高20公分

敬盒
Table for Offerings
長24公分
寬8.4公分
高13.6公分

團花敬盒
Table for Offerings
with Floral Motif
長18.9公分
寬5.6公分
高6.7公分

敬果盤
Plate of Offerings
高12.2公分
直徑26.2公分

祭祀用牲禮架
Sacred Lamb Rack

長43.2公分
寬24公分
高50公分

祭祀牲禮遵循古禮應有三牲:「牛、羊、豬」,
以全羊、全豬或全牛祭祀在今日已不多見。本件
為竹製祭祀用以支撐全羊的牲禮架,外型亦以羊
為造型。

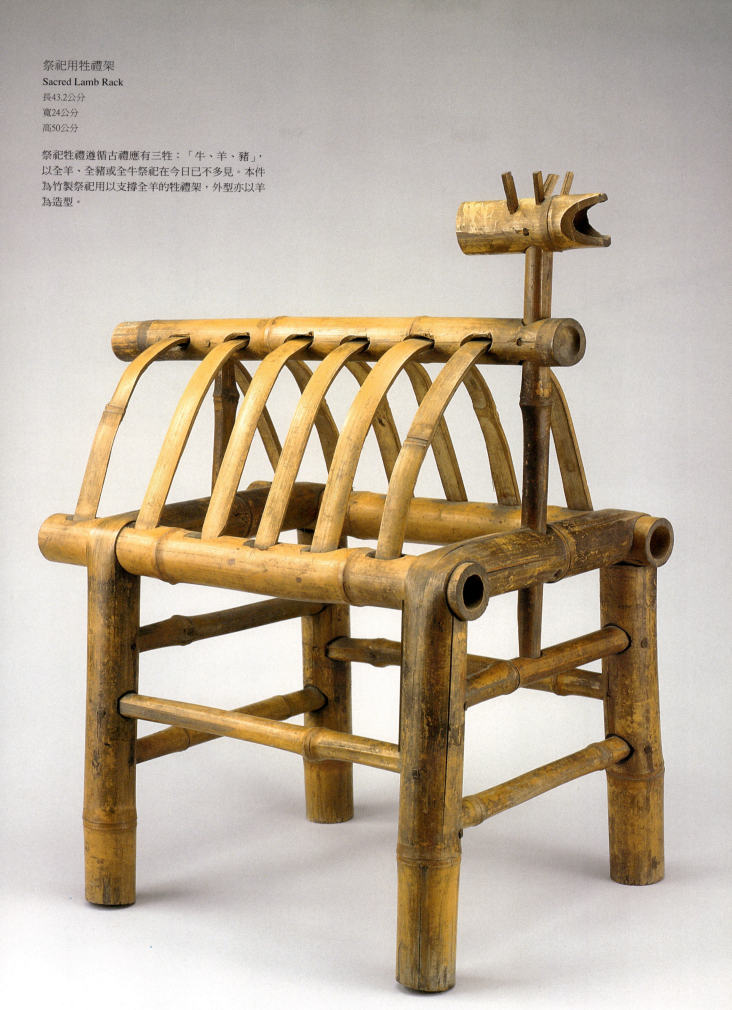

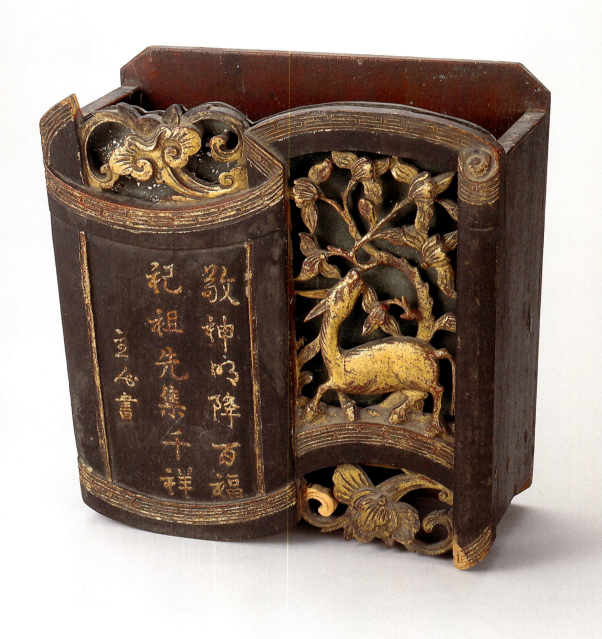

敬神香筒
Bamboo Tube for Incense Sticks
長24公分
寬11公分
高25.8公分

香筒顧名思義即插製香的筒子,「敬神香筒」以捲軸造型,飾以靈芝、馬等裝飾,上書「敬神明降百福、祀祖先集千祥」。「貴花香筒」亦以捲軸造型,上書「無煙化出平安字,貴花燈蕊結成富」,漆以藍、白、紅三色。「黑陶鏤空香筒」及「黑陶朱紅花飾香筒」均為陶製,樸素典雅,應為一般人家使用。竹筒製的「香筒」則較為常見。

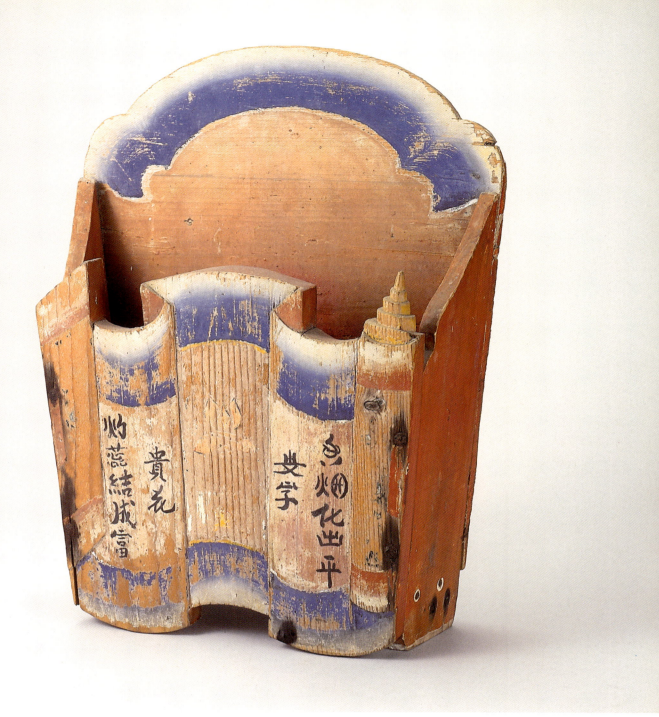

貴花香筒
Bamboo Tube for Incense Sticks
長21公分
寬7.9公分
高27公分

黑陶鏤空香筒
Bamboo Tube for Incense Sticks
長20.1公分
寬7.6公分
高15.5公分

黑陶朱紅花飾香筒
Bamboo Tube for Incense Sticks
長12公分
寬5.5公分
高23.1公分

香筒
Bamboo Tube for Incense Sticks
高20.4公分
直徑10公分

信徒朝山時行三跪九叩禮時作香案用的拜椅,可插三柱香。

拜椅
Worship Stool
長7.5公分
寬11公分
高15.3公分

香火牌是信徒的隨身護符,由廟裡求來的香火牌要貼身帶在身上,以護身平安,尤其出遠門時。此為古代民間信仰形神的延伸。

清水祖師天上聖母香火牌
Sacred Tablet of Protection
長9公分
寬7公分
高2公分

此件香火牌可將求來符咒置於中空處。反面刻文曰:「吞聲忍耐氣自消,仁義水甜最為高,忠厚老成傳家遠,詩書門第樂陶陶」,頗有處世哲理,確為平安之道。

中空香火牌(正面)
Hollow Sacred Tablet of Protection
長8.1公分
寬6.2公分
高3.8公分

中空香火牌(反面)
Hollow Sacred Tablet of Protection

台灣早期移民生活簡陋，家中神主牌位或以符代之，此神主符印可嵌活動印字，以示某姓「堂上□家歷代考妣一派神位」。「亡靈崇拜」是台灣民間信仰的主流，此一宗教現象明顯的表現於三方面：祖先崇拜、英雄崇拜、厲鬼崇拜。其中祖先崇拜最為重要。台灣民間家家均有「公媽牌位」，也稱「香爐耳」，被視為是家族成員與祖先神靈溝通的重要憑藉。

神主符印
Seal of Ancestral Charm
長12.6公分
寬2.3公分
高6公分

「亡靈崇拜」是台灣民間信仰的重要構成之一，此一宗教現象明顯的表現於祖先崇拜上，一般人相信人死後靈魂不滅，而亡靈的歸宿之處即為陰府，然而這個死後不滅的靈魂是需要陽間子孫的供養才可以達到永生境界。藉著子孫的祭祀行為，即表示祖先靈魂之永生，以及家族血脈之延續相傳，同時亦可以防止祖上靈魂淪為陰間惡鬼乞食以致危害子孫。
燒紙錢即為祭祀中一種現世投射的行為，祖先的靈魂在陰間仍有充足經濟來源，亦是子孫供養死去祖先的孝心表現。
此件展品為印製紙錢圖樣之印章，圖案即為常見的通寶形制，為四個通寶連串而成的圖案。

紙錢印章
Seal of Sacred Bills
長5公分
寬5公分
高15.2公分

家法

Symbolic Chopsticks Worshipped in the Ancestral Hall

長5.1公分
寬7.5公分
高28.3公分

供祀於家廟祠堂的家法為傳家風範的家寶,以兩束綑綁的竹筷造型,寓意「團結即是力量」。傳說某戶人家有十位兄弟,時常爭吵不休,父母一日將兄弟聚集一堂,示以十支竹筷,每支竹筷可被輕易折斷,但若將十支竹筷綑綁一起,便無人可將其折斷。兄弟自此敦親和睦,不復爭吵。

# Ⅱ. 生活

正午・挿秧／涂龍樹

農村器具

犁（平埔族用）
Plough
長79公分
寬7公分
高161公分

犁田圖／簡榮聰 ＜台灣傳統農村生活及文物＞／1992

畫景／簡榮聰〈台灣傳統農村生活及文物〉／1992

割耙
Drag
長162公分
寬9公分
高83公分

掘土整地的耕種器具。為長方形木製板塊拼製而成的長方形器具。其寬度依地而異，從1.2公尺至1.7公尺不等上下木踏板平放，上可立人，兩邊框立放，底邊上下兩端上翹，並於木板上穿孔加釘、竹刀或鐵刀，俗稱「割耙齒」。上下呈間隔交錯形。操作時，牛拉繩及軛於前，人立割耙上，增加重量，在行進間將土塊割碎。

犁田整地工具，將田地犁成一條條土壟，將田土翻過，使泥土和肥料攪拌均勻，於於播種時泥土已有充足的養份。本件大憨犁為平埔族所用，上有漢族少見的花葉紋飾，精美華麗。

碌碡
Item for Scarifying
長222公分
寬81公分
高25公分

「碌碡」是整地的農具。構造是在一個滾筒狀的木製圓軸上裝置七片木葉，形似楊桃，兩邊有踏板，為求水田的一平如鏡，葉片宜平整為佳，操作時，農夫立於踏板，雙腳一前一後，水牛於前頭拉之，碌碡的葉片便翻滾拍打，整片田地就被拌成極為勻細平整的軟泥，準備劃線插秧。

碌碡操作圖／簡榮聰／＜台灣傳統農村生活及文物＞／台灣省文獻會／1992

秧禾斬
Item for Scarifying
長122公分
寬37.5公分
高67公分

插秧前,使用過犁、割耙、磟等的整地手續後,水田已經很平整,唯有些雜草會露在外頭,此「秧盒斬」即是農人腳踩後移的動作,把雜草壓入泥土中,使不再滋長,利於秧苗生長。

菜畦播種用具
Item for Sowing
長114公分
寬24.5公分

菜種撒在菜畦上,之後即以上工具將突出土塊打碎以覆蓋種子。

秧地抹刀
Knife for Rice Seeding

播種前,農夫先找較蔽風且肥沃的水田,打好秧田,用「秧地抹刀」抹平,使田土柔細平整、飽含水分,形成一塊塊秧田。然後再把浸好的穀種均勻撒在秧田上,撒上一層稻草灰作為肥料。
約半月後,秧苗長出,到三寸長時,即可移植插秧。
古詩所謂「種秧一畝寬,插秧十畝許」便指這種情況。

播種插秧工具，木柄約一尺至二尺長，鏟為方形鐵製，操作時，人蹲著，然後平斜鏟下一塊方索大小之秧塊，置於秧盆，以便進行插秧。

秧鏟
Shovel for Rice Seeding
長85.5公分
寬9公分

與鏟子垂直方向的手握短手把，可單手操作，也是連土皮帶秧苗鏟下，置於秧盆。

秧鏟
Shovel for Rice Seeding
長23公分
寬10.4公分
高5.5公分

挑秧器
Carrier for Rice Seeding
長82公分
寬71公分

農人在秧苗田拔好秧苗,成捆後相對層層擺置於挑秧器中,挑秧器則可直立插於泥土中。
嘉南、高屏大都使用此種方式挑運秧苗,以供插秧。

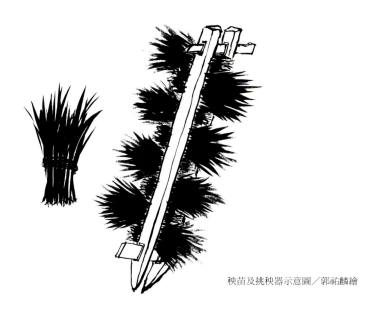

秧苗及挑秧器示意圖／郭祐麟繪

把黏土填壓入此製瓦的模子，兩邊的鐵片的高度與瓦片的厚度相同，以鐵絲壓住兩端的鐵片刮掉突出多餘的黏土，抓住手把倒出「瓦片」，再入窯燒製而成。

製瓦器
Item for Making Tiles
長44.2公分
寬32.6公分
高5.3公分

為置秧苗及篦浮於田泥上之木盆，有整塊木鑿成，亦有檜木或福杉木片圈成者。
蒔田管－為截取秧曲之尖刃形指套子在剝取秧苗與插秧入土時，有便利操作及保護拇指的作用。

秧船
Container for Rice Seeding
高13.3公分
直徑35.3公分

開鑿圳渠、引水灌溉用的農具是鋤頭，如果遇到高田，它的高度較圳渠的流水水平為高，就要動用「水車」或「戽斗」來汲水。係以竹篾編成，中綁竹管或木棍、農夫農婦持柄戽水，潑在水溝槽上灌溉。

竹製戽斗
Bamboo Bucket with a Handle
長166公分
直徑32.5公分

種植雜糧的旱園，施肥與水田有別。像花生，要用畚箕撒灰，然後植下花生仁，再用土掩埋。甘蔗及地瓜，則在翻土成 以前，用「畚箕」撒下畚肥，然後以土掩埋。以後大概每隔一月就要用木桶挑糞，以「長勺」杓糞尿澆於根部附近，則甘蔗與地瓜自然茂盛而豐收。

水肥勺子
Ladle for Fertilizers Collecting
長177公分
寬26公分

田埂兩邊的雜草,「刣岸刀」即以砍的方式連草帶土砍除,而整理出乾淨、整齊的田埂。

刣岸刀
Knife for Weed Cutting
長164公分
寬12公分

刣岸刀
Knife for Weed Cutting
長103公分
寬3公分

豐年車
Cargo for Weed Cutting
長142公分
寬18.2公分
高85.5公分

除草捕蟲器具,又名豐年車,或水田中耕除草器。操作時放此器在水稻行間,雙手握柄部,一面做前後推拉運動,一面前進。在縱橫水稻行間各工作一次,即可作中耕除草。

民國40年代以前,農田抓蟲噴藥工作是以細竹片編製如梳,如繫操柄的「蟲爪子」為工具。先在稻葉間左右來回橫掃橫梳,將蟲子梳留在細竹片上再加予捕殺。至於掉落在泥水上的蟲子,用「臭番仔油」灑於水上毒殺。

蟲爪子操作／簡榮聰
〈台灣傳統農村生活及文物〉 1992

蟲爪子 Item for Catching Rice Insects 長184公分 寬32.7公分 高29公分

鐮刀
Sickle
長24.4公分
寬2.6公分

民國70年之前,在收穫季節,農婦常坐在小椅凳上,手持小木棍敲打殘穗,使穀粒脫落之後即使用此種竹製圓篩篩過,然後再將殘留篩上的殘穗,再打、再篩,直到清理完畢,一點也不浪費。

篩子
Sieve
高8公分
直徑46.7公分

風鼓
"Wind Drum" for Removing the Husks of Rice
長119公分
寬59.5公分
高125公分

乾燥的稻穀要再經過風鼓除去雜物和秕，穀落在米籮中的是結實的穀粒，其他則從風口飛落較遠，這些結實的穀粒，便可以入倉。要清理稻穀時，埕中擺好「風鼓」，風口順對風向；為了避免穀煙飛揚，沾人衣物肌膚，有的人家就在風口搭兩根竹竿，遮掩草披，然後以插箕盛穀倒入「風鼓仰斗」裡，略開「木板紐」，搖動鼓葉，風便呼呼吹出，隨著緩慢落下的稻穀，風就將穀中的土塵雜物、秕穀空殼吹出風鼓口，結實的穀粒則順著斜漏嘴落下籮中、袋中或呈上，繫綁一堆，或搬運入倉，或運出完糧，銷售。

連枷為最原始的脫穀器之一，係以兩根竹棒或木棒，頂端穿孔接榫而成。如：農夫持棒，摔打連枷在稻穗上，稻穀即被陸續擊落地上，然後將稻桿移開即可露出穀粒。台灣南部在第三季大豆、紅豆收成時，豆枝豆莢曬乾後，亦以連枷打出豆子。

連枷
Bamboo Item for Removing the Husks of Rice
長212公分
寬97.2公分

利用「摔桶」脫穀的方法，可溯自秦漢時代。元朝時王楨《農書》記述更詳。「摔桶」由「木桶」與「刮板」組成，「木桶」以四根硬木為角柱，四周拼以木板，桶之左右釘有兩隻鐵耳，繫繩以供拉動，木桶後半部圍以麻布織成的「簾」，以防摔打的穀粒脫落噴出桶外。「刮板」主要是脫穀器，以硬木板或鐵板相隔製成長方板，上接較為粗大的橫木，斜置於木桶前方內。操作時，農人兩手握著稻桿，不斷摔向桶內「刮板」，一直到穀粒差不多脫落為止。

刮板（脫穀器）
Bamboo Item for Removing the Husks of Rice
長106公分
寬24.5公分
高110公分

連枷操作／簡榮聰／1992
＜台灣傳統農村生活及文物＞

民國初年以前之「摔桶脫穀」／簡榮聰
＜台灣傳統農村生活及文物＞／1992

從田裡運回來的稻穀，一般分為兩部分：一為尚夾雜著草葉碎枝的稻穀，一為殘留稻穗。帶著雜穗溼潤的稻穀，先得在埕上舖平，以一種竹柄木製耙齒頭的耙子爪出雜碎。如此反覆多次後，才將沒有雜碎的穀粒拿去脫穀機進一步脫穀。

曬穀用耙子
Drag for Paddy Drying
長117公分
寬39公分
高19公分

耙土用具
Item for Dragging
長185公分
寬65.7公分

短柄爬不仔
Drag for Paddy Drying with Short Handle
長25.2公分
寬21.8公分
高13.1公分

過去沒有烘乾機，貯藏稻穀最好的方法是讓太陽曬，日曬雖然要常看老天爺的臉色，但既可以曝乾、又可殺菌，是最經濟自然，不必花錢的古老方式。稻穀平時用草披（以稻草加上竹片編織用以遮雨的草被）曬穀時掀開草披，用爬不仔將堆積如山的穀堆扒開舖平埕上，然後再用小爬不仔順著陽光方向，扒成一行行像田畦的穀浪。

爬不仔
Drag for Paddy Drying
長169公分
寬61.2公分
高24公分

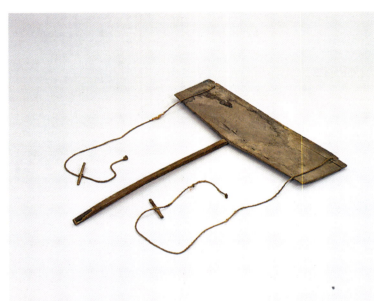

爬不仔，兩端穿孔繫以麻繩，人力拖拉之用，操作時，一人拉繩子在前，另一人將大爬不仔插在穀堆裡扒開或收集。若突遇午後陣雨，此一大型爬不仔，則是曬穀場快速聚集稻穀的良好器具。

大爬不仔
Drag for Paddy Drying
長118公分
寬94.7公分

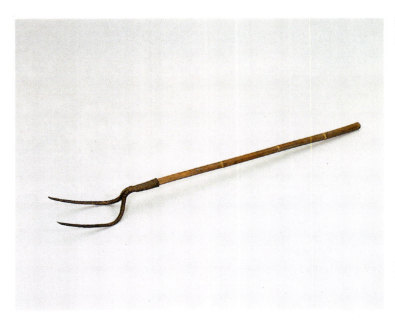

堆高草堆或牛車裝載稻草時，把草束推向高處，以便於推疊。

稻草叉
Fork for Collecting the Rice Straw
長147公分
寬16.8公分

斧（大）
Axe
長88公分
寬7.5公分

斧（小）
Axe
長43公分
寬8.5公分

柴刀
Item for Chopping the Firewood
長66公分
寬10公分
直徑2.9公分

柴刀架／柴刀
Axe and Axe Prop
長49.4公分
寬18.6公分
高3公分

農人欲豎立竹桿或架子時，所使用的挖洞工具。
通常與另一種圓形的挖洞器一起使用。

挖洞器
Digger
長106公分
寬9公分

挖竹筍器
Item for Digging Bamboo Shooting
長86公分
寬11公分

菱角採收盆
Basin for Collecting Water Chestnuts
長119公分
寬83公分
高17.7公分

農人採收菱角時,將此盆置浮於水面以承載採收的菱角,繩索可繫在農人身上,拖著走。

將「稻草」、「青草」、「豆枝」、「豆桿」捆繫於中間突出的部分,突出部分的兩個竹節穿孔可穿過繩索,便於捆住草或豆桿,以雙肩扛運。

扛草器
Item for Carrying the Straw
長124公分
寬8.5公分
高7.5公分

竹簍即茶農採茶時盛茶葉的簍子,可以繫在腰上,也可以背在肩上。同時可懸弔於扁擔上,作為搬運工具。

竹簍(中)
Bamboo Basket
高39公分
直徑36公分

扁擔
Carrying Pole
長103公分
寬4.5公分
高2.8公分

竹簍(中)
Bamboo Basket
高40公分
直徑35.5公分

過去政府未開設產業道路前，雜糧的搬運完全得憑人力，像木薯、香蕉，都要依靠「扁擔」和「籮筐」挑運。有些人家也有只備兩條繩子及一根扁擔，套住香蕉後挑行。體積比較小的雜糧，如山地甘薯、紅薯，就以畚箕盛之，扁擔挑之。

畚箕
Bamboo Basket
長51公分
寬46公分
高22公分

耕田、拉牛車時，跨放在牛肩上的器具。繫著繩索托著犁，或直接固定牛車的木質車把最前端。

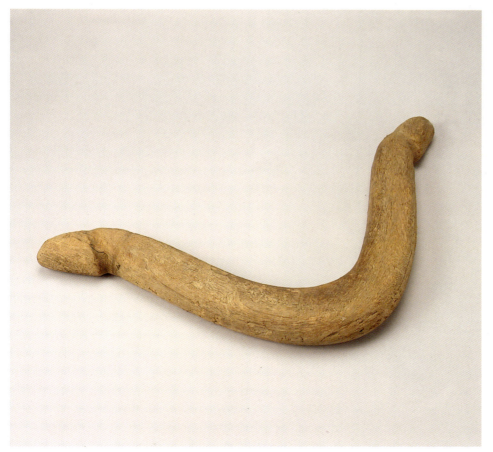

牛軛
Collar for Cattle
長58公分
寬39公分
高5.1公分

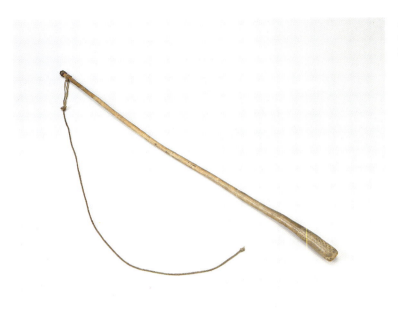

農夫趕著牛、拖車、耕田時,驅策牛快點工作的器具。繩索甩起時會發出響聲,具警告作用,打在牛身上與「鞭子」的效果相同。

牛甩仔
Whip for Cattle
長73公分
直徑2.2公分

牛生病時,沒胃口吃食喝水,農人常以自削的竹筒製成灌食器,把藥摻在流質食物裡,硬灌入牛口中。

餵牛吃藥器
Bamboo Tube for Feeding Medicine to the Cattle
高40公分
直徑7公分

以竹編成有孔目之口罩,套在牛嘴上,以防止其耕作時損傷或偷吃農作物,其編織法為六目孔,構造形狀有大小之分。

牛嘴籠
Gauze Mask Worn Cover for the Cattle
高13.5公分
直徑22.5公分

這麼有古味的「狗嘴籠」罕見，以竹片編成，六角形孔目，套住狗嘴，以防止狗兇性大發而咬人。

狗嘴籠
Gauze Mask Worn Cover for Dog
高8.5公分
直徑10公分

台灣農村飼養家畜，目的在於過年過節的牲禮與宴客需要，而當婦女生產、家庭喜宴喪祭等等，也需要大量的肉類，另一方面有人專門到鄉下收購家畜，俗稱「雞販仔」。農家也可出售得錢貼補生計、增加財富，因此，幾乎每一戶農家多少都要飼養些雞鴨鵝豬羊等。在飼養成雞、成鴨、成鵝時，都用「雞槽仔」，內裝薯簽、穀類、米飯拌糠，至於青菜、青草，都撒在埕上，供鵝自由取食。

陶製雞飼料槽
Trough for Chicken
長21公分
寬14.7公分
高9公分

獸夾
Animal Trap
長21公分 寬20.7公分 高3公分

用來捕獸之用,利用彈簧的原理,將獸夾兩側向內夾緊,上端則形成一個三角形的缺口,侍動物不慎踏入缺口,即可捕獲野獸。

魚叉
Fishing Fork
長145公分
寬5.8公分

斗	蓋尺	斗是木製量器，為台灣早期用來丈量穀物數量的器皿。台制一斗為10升，相當於5公升。為丈量準確，斗器皆附有「蓋尺」，以便掃去多餘、滿溢部份。
Chinese Peck	Strickle	
高24.7公分 直徑26公分	高34公分 直徑5.8公分	

大秤（大量仔）
Large Balance
長164公分
寬5公分

秤錘
Unit of Weight
高15公分
直徑11公分

農村物品買賣，在搬運之前要秤量重量，除論件交易者外，最常用測量物品。農村物品買賣，在搬運之前要秤量重量。除論件交易者外，最常用測量物品之重量者稱為「秤」。本地俗稱大者為「量仔」，小曰「秤仔」，其組件有「桿梁」及「秤錘」。早期（日據時代前）之「秤錘」，以石製。其材料有如青斗石雕、隴石或本省產之硬石、觀音石或砂岩石，其大小各依斤量不同而異。

賣蚵籃	秤	秤錘
Basket for Oyster	Balance	Unit of Weight
長25.3公分	長47.3公分	高1.1公分
寬13.5公分	寬1.3公分	直徑3.3公分
高25公分		

此種輕巧的提籃，多為蚵販所用，故稱「賣蚵籃」；但農家插秧時亦以之盛秧苗。先以竹片架成十字形，採一上一下，二上二下及六角目之編織法，編成底部，再加圓形竹片框。呈直角往上再編，製成能盛物之籃，在頂部並加厚竹片圈住。

炒茶用具
Item for Frying Tea Leaves
長27.5公分
寬7.6公分

生茶利用太陽光小曬半小時左右，再移至室內，趁著陽光餘溫不停翻動茶葉，俟茶葉變褐色後，置於「炒鍋」，用文火炒茶，此即為炒茶的「鍋鏟」。

笠模
Wooden Mould for Making Bamboo Hat
高19公分
直徑38.2公分

斗笠,俗稱「瓜仔笠」,是農民遮陽擋雨的器具。它戴在頭上,不僅保護頭部免被日曬雨淋,而且蔭涼防蟲,幾乎從古到今每一位農民都戴它。因為經常使用,所以需求量特別大,製造斗笠的器具,係先用一個形似斗笠模形,俗稱「瓜笠模」的物品作模底,其步驟如下:

(一)第一,係以竹篾從「笠模」頂尖竹枝處先紮下兩條竹篾,然後逐次加篾交叉斜織,呈「鳥目孔」形,照「笠模」形式編到笠緣收住。

(二)第二,按蓋乾桂竹籜,一方面按壓,一方面以韌線紮住,韌線俗稱水線,與笠緣呈平行兩圈,笠緣內外再以竹片箍住以線縫紮妥當。

(三)第三,在竹笠頂尖,加按一個槌扁的乾檳榔纖維,使它呈現楂開式樣,再以小竹篾圈住,用線繫好,就成為一項完工的「斗笠」了。

將竹篾按在笠模上編製斗笠／簡榮聰
＜台灣傳統農村生活與文物＞／1992

183

簑衣（大人穿，上、下式）
Straw Raincoat (For Adult)
長87公分
寬96公分

簑衣（小孩穿，一件式）
Straw Raincoat (for Child)
長77.5公分
寬92公分

簑衣是農人過去所穿的雨衣，大約在民國四十年代還用它，五十年代以後已被塑膠雨衣所取代，簑衣的製造也多由農家自營，農婦從山間採回「棕片」，先用「鐵刷」刷理棕尾一方面使棕毛平順，一方面清理碎物，然後將棕片曬乾，用棕毛搓成細線，穿針縫製一片接一片，在「平板」上作業，棕線必須裡外層縫繫，這樣一片緊接一片的縫製成衣裙形狀，袖子與下襬，棕毛自然垂開而領口與衣襟，則繡縫包紮平妥，再綴以帶子及扣子可以繫綁扣住，如此即完成一件可以遮避風雨的「棕簑」。

台灣農村所見的「簑衣」，有「上衣下襬（裙）分開」及「連接整作」之兩種形式與「大人」、「小孩」之別。

打草鞋用具
Item for Weaving Straw Shoes
長28公分
寬27.5公分
高12.3公分

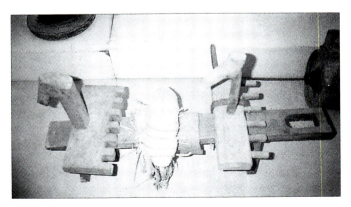

製草鞋情景／簡榮聰 ＜台灣傳統農村生活及文物＞ 1992

打草繩用具
Item for Making Straw Rope
長38公分
寬3.5公分
高108公分

農家結「繩」之法,作業時須由三人分立於前、中、後三個位置,其中二人於兩端反方向轉動曲柄,中間一人則手持「分槌」往大端緩緩前進,則三股之繩,就會結成一條「繩索」。

打草繩／同左

編草蓆用具 編草席的用具,用以固定藺草
Item for Making Straw Mat
長148公分
寬8.5公分
高3.4公分

製瓦器
Item for Making Tiles
長40.3公分
寬36.7公分
高6公分

將練好的黏土置入此製瓦器（模子），壓平陰乾後，再把「土瓦片」置入窯內燒製而成瓦片。

製土塊器
Item for Making Earth Block
長47.2公分
寬32.1公分
高11公分

農村建「土墼厝」所需的土塊就以這種製土塊器壓製而成。

豆餅鈎子
Hook for Collecting Peanut Cake
長46.7公分
寬4.2公分
高5.5公分

「豆餅」是黃豆渣的製品,是餵豬的飼料,此為專門勾取豆餅的用具。

夕陽中的九曲巷／林彰三／1965

生活器物

飯桶
Steamed Rice Bucket
長42公分
高21.5公分
直徑32.5公分

「飯桶」是由福衫製成的木板一片一片圍攏拼成中間用竹篾或籐篾加圈固定上加木板蓋，飯桶兩邊有耳以便端放。其紋飾通常是上半部塗紅色川漆，下半部塗墨漆，飯蓋上繪有陰陽太極。

飯桶（有耳）
Steamed Rice Bucket

米飯，是台灣居民的主食，因此裝飯和盛飯的飯桶與飯匙至今仍是家家必備，飯匙以杉木雕成，形狀多為桃形，一面平坦以盛飯，另一面則雕花以花鳥圖案，除了實用之外，更充滿了藝術情趣。

飯匙
Rice Spoon
長18.5公分
寬8.7公分

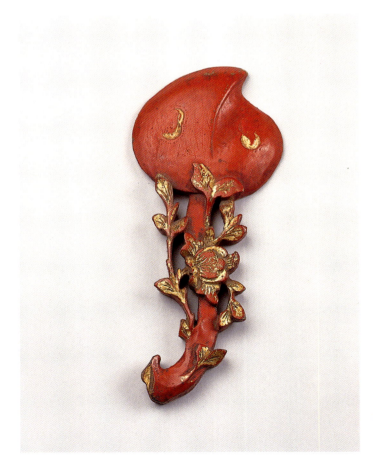

飯匙
Rice Spoon
長20.3公分
寬8.2公分

菜盤
Dish Tray
長50公分
寬34.1公分
高5公分

祭祀時用來端呈牲禮,或日常時端捧飯菜的捧盤,多為木製,本件盤底所繪花鳥圖畫,筆觸不俗,可知製作之精誠。

蒸桶
Steaming Container
長42公分
高39.5公分
直徑33.3公分

木製蒸桶,用來蒸煮麵粉食品,底部如網狀,可透氣。

醬桶
Soy Container
高24.5公分
直徑28公分

在台灣鄉下,還有人家兼營醬油,純用黃豆發酵以大陶缸盛著,上加陶蓋,製成醬油後以「木桶子」或玻璃瓶裝著。此種木製醬桶,大多以福州杉為材,接縫細密,製作上需要高度的手工。

粿印（正）（福祿壽龜）
Cake Mould
長35公分
寬15.3公分
高3.9公分

台灣民間每逢酬神、祀神、祭祖與喜慶、喪葬的場合，依習俗慣例，要準備一些甜的、鹹的粿類，作為供品或禮物，這些粿類不僅是民間對神靈的崇拜感謝與祖宗的追思感念，甚且富有「祈願」與「慶賀」的深遠意義。

本省的粿食種類不少，多用於年節祭拜，但也有供平時食用的。

粿印，是印粿的器具。

台灣民間的粿類，除了年粿、包粿、發粿、碗粿及部份芋粿等不加印花紋圖案以外，可以說絕大多數的粿都要用到粿印加工印製圖紋。

這些粿印的照造型圖案當然是根據民間年節禮俗的需求，依照粿的用途、大小而予以分類。

木製粿印最多，木製易得材料豐富、雕刻容易、價廉物美之故，而且木製粿印耐用，不易摔破，亦有用紅土燒製者。

龜紋－最常見的吉祥圖案取龜長壽的寓意，「模面」雕著對稱的龜紋，龜假的圖紋且作多種變化，中間並刻上壽、福祿壽、福如東海、壽比南山等祝壽語，刻工類多清朗有力，線條流暢，可以看出刻模者的靈巧。

粿印（反）（壽桃、雞）
Cake Mould
長35公分
寬15.3公分
高3.9公分

壽桃紋印中的桃即蟠桃，傳說三千年始一開花三千年始結果，再三千年始成熟，人食之長生不老，故桃紋用喻「長壽」，為所見粿印中次多之圖案。一般多刻連葉桃形，桃中或刻花紋或刻壽字，邊緣再加圓形框。

作粿方法：

磨好米漿，壓乾成溼性的粉塊，用手接成有粘性，用少量的「紅花仔米」染紅，分每塊約四兩重的大小搓圓，用掌壓扁，至於做粿之外皮乃先取少量壓乾的粉塊以開水燙熟，再慢慢加入生粉便成，中包或甜或鹹的餡，然後覆壓在「塗」有「花生油」的「龜紋圖案紋」上，壓勻粿的另一面舖月桃葉或香蕉葉反翻讓印好的粿粘在蕉葉上，並用剪刀對蕉葉略予條剪橢圓（蕉葉可以手持，以防食時粘手），然後放入蒸熟約「一柱香」即可取出食用。

粿印（正）（大壽龜）
Cake Mould
長32.6公分
寬23.6公分
高4.8公分

紅龜粿

粿印（反）（大壽龜）
Cake Mould
長32.6公分
寬23.6公分
高4.8公分

紅土粿印

紅土粿印(正)
Cake Mould
長21.8公分
寬13.1公分
高3.4公分

紅土粿印(反)
Cake Mould
長32.6公分
寬23.6公分
高4.8公分

製作祭祀用糖龜用具。

糖龜模具
Mould for Making Sugar Turtle
長8公分
寬4.7公分
高6.5公分

以「陶土」或「瓷土」所作的粿模，常採用吉祥圖案，刻工類多明有力，線條流暢，可看出刻模者的靈巧而自由創作的巧思。陶瓷模具只要小心不摔壞，尚有不蛀不腐，不變花紋等優點。

雞形糕餅模具
Cake Mould
長8.2公分
寬7.5公分
高2.2公分

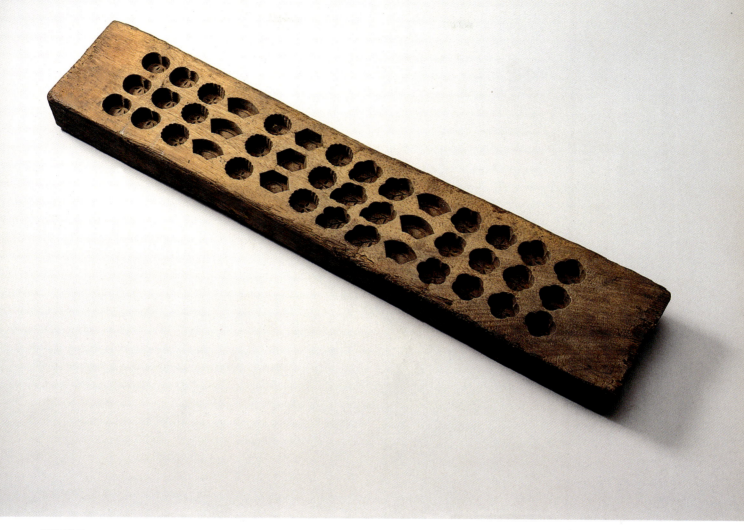

糕餅模具
Cake Mould
長40.3公分
寬8.3公分
高3.6公分

我國民間逢年過節或遇到喜慶婚喪的場合時，習慣準備各式各樣的點心，如粿和糕餅等，用以祭祀或饗用，帶有慶賀與祝福的雙重意義。

菜剉支架
Chopper Stand

長67.5公分
寬29.3公分
高41.5公分

菜剉
把菜剉綁在此「菜剉架」上農人就用以剉甘藷簽或蘿蔔絲乾作為儲糧。

菜剉
Chopper
長45.5公分
寬9公分
高1.6公分

菜剉是以木板截成長方式，中間挖空鑲以剉孔的鐵片，剉孔呈由上往下順序，孔向斜上張開，排列甚多，利於將瓜類剉成小細條。蔬果、甘薯、樹薯等根莖瓜果食物，皆用菜剉刨成絲。此種工具及使用在漢代已有，台灣一般民家迄今仍在使用，只是木板換成塑膠而已。

菜剉與菜剉支架／簡榮聰／〈台灣傳統農村生活及文物〉／1992

飯籬
Rice Sieve
長63.5公分
寬36.7公分
高17.7公分

竹製透孔飯菜撈子。

小火爐
Stove
高14.5公分
直徑16公分

磚燒製成,頂緣有三墩可置放燉鍋煮,食爐中放炭火,用「蒲扇」或「椰葉殼扇」搧火。又依據台灣民間習俗,在屋頂的正脊置以小火爐可以除去潮濕,並有辟邪招財之作用。

汲油勺
Ladle for Oil
高37.5公分
直徑8.8公分

柴米油鹽醬醋茶，是民生開門七件事，台灣過去食用油以花生油為主、豬油、麻油為副，以陶甕盛裝，油甕有大中小三種，大型油甕可用打油器以抽打汲取食油，中小型油甕以汲油勺勺油。本件汲油勺為竹製，利用竹節部位作勺碗；而勺桿上的鋸齒，可使溢滿的油滴淨而不致浪費。

掛勾
Hook
高28公分
直徑12.5公分

木製掛器,可掛在廚房中懸弔各類器物、食品……等。

213

水桶
Water Bucket
高19公分
直徑32.6公分

注水灌溉器具,最早為木製,將松羅檜木片箍成水桶,兩邊有穿孔之耳,穿以鐵條,日據以後漸流行鐵皮焊製的「鉛桶」。

腳桶
Washing Basin
高13公分
直徑43.7公分

此形式的木桶用途極為廣泛,周圍較矮,桶外置矮凳,便於將腳伸入桶內洗濯。

瓠瓜水瓢
Ladle Made of Gourd
長41.5公分
寬19.8公分
高11公分

用以勺水澆灑的工具。所謂瓢，是剖老瓠去瓤而成。將老瓠剖開兩半，將硬熟的瓢晒乾後鋸開，取下裏面的雜仔即成。不滲漏又好用，後演變成木瓢、銅瓢，現在則都以塑膠品取代。

木製水瓢
Wooden Ladle
長27.2公分
寬36公分
高8.3公分

傳統台灣婦女的髮型五花八門，從小女孩的頭鬃尾仔，依年齡之增長有麵線紐、螺鬃、絞剪眉、倒眉式、龜仔頭、總眉……等。要整理這工整的髮型，除了耐心和巧手，還需要許多輔助工具，如平整的梳子、簪、釵、扁、方及髮油（煙油、茶油）都不可缺。本件即茶油罐，為磚製，凹口為注油處，細小的嘴流，便於少量傾出茶油抹用。

茶油罐
Tea Oil Jar
高10.2公分
直徑8.2公分

梳妝整齊出門見人是台灣婦女普遍的觀念。認為披頭散髮不是病人便是瘋子，是很不禮貌極可恥之事。因此日出前，便起床梳洗。此種木梳，左右兩排有齒，齒細而密，除梳理頭髮尚有篦之作用，可去髮垢或頭虱，頭髮順而不澀。

梳子
Wooden Comb
長10.4公分
寬5.2公分

檳榔籃
Basket for Betel Nut
高26公分
直徑16.5公分

檳榔是台灣民間嫁娶時使用的「禮器」。依習俗，男女方於議婚後「送定」之禮品要求詳而且嚴。早期習俗「婚議」定後，「男家」需備「大禮籃」，內裝金飾、衣料、酒肉、禮餅等物，由媒人送往女家，行納聘禮。「女家」也備檳榔香煙以「小禮籃」內裝檳榔、香煙款待來賓。

完聘之日，男家由媒人攜聘金與雞、鴨、禮餅、檳榔、香煙等禮物以禮籃盛裝；「女家」也備檳榔、香煙以「小禮籃」裝著招待，並備禮餅帽、鞋、衣料、針之類回送男家。至結婚之日，男家迎娶時所送各項禮品，亦以禮籃盛裝，別備「小禮籃」裝檳榔香菸，至女家時分饗女家親友。而「男女兩家」於是日都以「小謝籃」裝著香菸、檳榔置於客廳桌上或大埕之布棚下桌子上供賓客取食。這是台灣民間早期婚嫁的禮貌習俗。

這件檳榔香菸禮籃未加朱漆然精緻的瓦條紋較大型禮籃手工尤佳，其腰部匝繞一道花邊，一方面增加美觀，另一方面可固定籃身兩側叉開的提把。

檳榔籃
Basket for Betel Nut
長17.5公分
高22.5公分
直徑16.3公分

禮藍
Basket for Wedding Gifts
高33公分
直徑34公分

竹籃在台灣手工藝品中，十分傑出，技術多傳自福建、廣東，卻由於竹材得之容易，而發展了豐富的禮器，「謝籃」可說是台灣民間最重要的「禮器」之一，為敬神婚慶，送禮時不可或缺的容器，代表了濃郁的生活感情。謝籃製作極為講究，除了編織得讓人找不出竹條接頭外，在把手彎曲或容易磨損的地方，巧妙地纏繞一道邊框做為保護，但又合手裝飾的原則。

通常是各畫有龍、鳳圖紋的一對大型禮盒，竹編上漆的三層禮盒，「婚議定了」或「結婚」時，裝有金飾、衣料、酒肉、禮餅等送禮或回禮之禮品，龍鳳則取其好合吉祥之意。

龍鳳禮盒（龍）（正）
Gift Basket of Dragon
高29公分
直徑36.7公分

龍鳳禮盒（龍）（側）
Gift Basket of Dragon
高29公分
直徑36.7公分

龍鳳禮盒（鳳）（正）
Gift Basket of Phoenix
高29公分
直徑36.7公分

龍鳳禮盒（鳳）（側）
Gift Basket of Phoenix
高29公分
直徑36.7公分

新娘茶盤
Bridal Tea Tray
高2公分
直徑25.2公分

傳統婚俗新娘奉茶時,所使用之托盤。常為木質圓盤造形。

針線盒
Workbox for Sewing
高30公分
直徑34.1公分

結婚日,女方的嫁粧之一,專供新娘日後為家人做「女紅」的所有用具,女紅的事項包含縫製帽子帽飾、帽圈、頸圍、衣服、衣飾、布鞋、兒鞋……,除了用具也必然包含布料、材料等。

木檻（一對）
Containers for Wedding Gifts
長99.2公分
寬55.2公分
高102公分

檻，傳統於出嫁或出殯時，用以放置聘禮或祭品，由娶親或喪葬隊伍抬之，示於眾人之前，以顯主人之家庭富有與身分尊貴。但因喜、喪之不同，所以裝飾的方式與顏色亦有所差異。　一般民眾居家不備此器，皆由承辦的商家所提供租借，所以在其兩側多會有寫上店家商號，或店主姓名。此檻成對，為嫁娶喜慶用，底座以格角榫攢框成形，中間再以閂桿（穿帶）連結，使結構更為穩固。左右二側以雙立柱立於底座之上，上端以搭腦連接，形成一基本牌子之主體，外側分以站牙及插角與之抵夾。雙立柱間分置三支直根與上、下之搭腦與底座共同形成四個間格，上面三格作打槽鑲板並裝飾之，下側則以三塊牙板做出壺門式券口。最上格之鑲板一塊寫上成德庄，另一塊寫林文材，應為店家之店名與店主之姓名。而左右二塊立起之牌子則以二支橫根作最後的連結，並於第二塊鑲板中間起一圓孔，竹竿穿過其間，便可扛起。此檻全器以朱漆為底，牌子外側並施以絢麗之礦物彩繪，紅、藍、綠、白互為運用，令人無限神往其過去其華美典麗的光燦風貌。

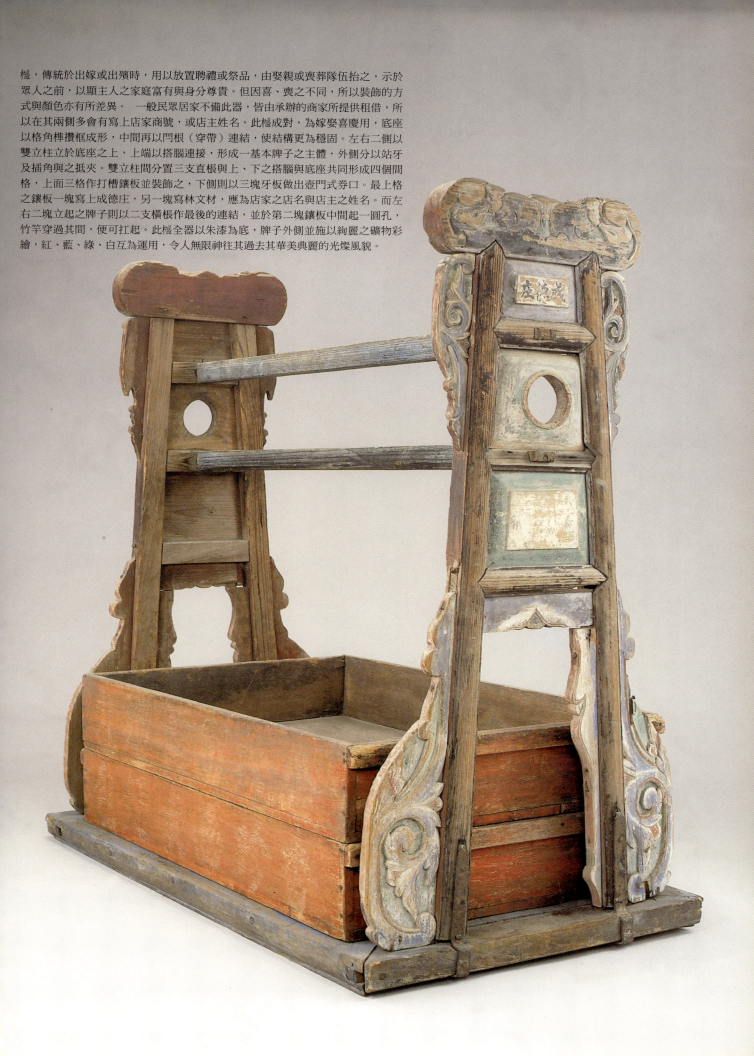

打洞器
Borer
長43公分
寬38.7公分
高5.5公分

十字形鑽孔鐵器，常用於木器之打洞。

打洞器
Borer
長94公分
寬6.5公分

下為用以鑽孔之木製器具。

墨斗乃工匠重要之規矩準繩，有大小之別；大型者用於建築，小型者用於傢俱的製作，造形或有不同，但構造大同小異，利用轉輪控制線之收放，再拉直通墨棉泥的棉線，彈劃出直線，民間傳說中，墨斗乃巧工魯班的化身，木匠之守護神，台中東勢即有一座魯班廟。

墨斗
Ink Through
長13.5公分
寬5.1公分
高6.5公分

砌牆時，用以定垂直線之基準，為水泥師傅必備之工具。

銅權
Copper Plumb
長9.2公分
寬4.9公分
高2.3公分

釘權
Iron Plumb
長22公分
寬6公分
高2.2公分

這是台灣早期工匠的工具筒。
用來收置長的銼刀、鑽刀等利器，功能仿如工具袋。可懸掛於牆上或繫於腰間外出使用。

工具筒
Bamboo Workbox
高31.6公分
直徑4.5公分

台灣農村信仰，乃沿襲我國古代的精靈崇拜，祖先及物崇拜，以及通俗道佛教中神佛之信仰。「尺」、「秤」屬巫覡用具，於「木斗」中置尺，為作法工具，尺可其正長。文工尺於日常生活中使用，以度物品長短、並測吉凶。

文工尺
Rulers
長31.2公分
寬22.5公分

紅毛番斗拱飾
Connecting Supporter of Ridgepoles in
Red-hair Barbarian Motif
長40公分
寬16公分
高16.5公分

在台灣傳統建築中盤頭與斗座的位置，經常可以發現人物承重造形的蹤跡。在盤頭者俗稱「戇番扛廟角」或「戇番站廟角」；在斗座者俗稱「戇番擔樑」或「戇番舉大杉」。雖是台灣獨特的風格，但亦是來自中國文化的傳承。如在商周銅器、漢代畫像磚、晉代陶藝、唐代洛陽龍門石刻及敦煌石窟壁畫、泉州開元寺木雕等，亦處處可見戇番承重的題材，在在表現中華民族的優越感。

烘爐又稱火爐，原為舊時廚房升火煮食的器物，擺在屋頂上後，卻成了特殊的屋頂辟邪物，有除濕去穢、去寒保暖、保祐人身健康平安之意。擺在屋頂正脊中央可使家宅去霉求新，人人事業發達；擺在山牆馬背上，則是為解決住宅方位或與道路犯沖的問題。

烘爐
Sacred Stove
長8.7公分
寬8.2公分
高8公分

古厝屋頂上，屋簷邊的裝飾物以鳳鳥造型，不僅寓意吉祥，亦有延續漢代畫像磚中四方神獸之一南朱雀傳承。

瓦當
Circular Facade of tiles on the Roof
長16.5公分
寬10公分
高2公分

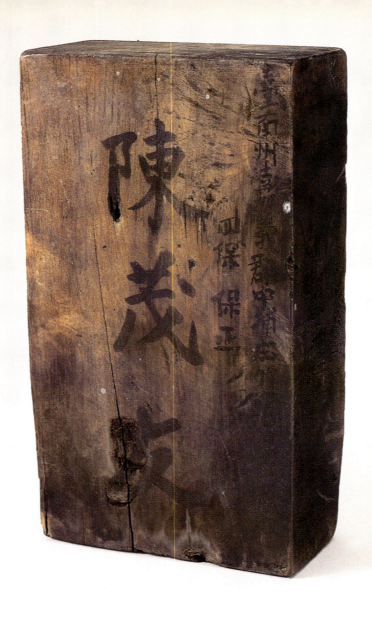

保正門牌
Door Tablet of the Head of the Neighborhood
長11.5公分
寬5.7公分
高21公分

日據時代由政府單位發牌每戶一個門牌，掛於大門側邊，門牌上寫明地址與戶長名，保正即為日據時代的里長。

木枕
Wooden Pillow
長21公分
寬5.5公分
高10.8公分

往昔先民所使用的枕頭樣式與質材變化多端，有以竹木陶瓷為材料，也有以竹木為胎，表面以布縫起，上面刺繡花鳥圖案為裝飾。此為木製枕頭。

木枕
Wooden Pillow
長23.5公分
寬9.4公分
高7.9公分

未使用電燈前,台灣早期的居民主要以油燈為夜間,照明器具。油燈是以煤油為燃料,以粗糙的紙捲或棉布條作燈蕊,藉著燈蕊的毛細作用,上引煤油,點燃後,燈火就能繼續燃燒而不滅。

油燈
Oil Lamp
高13.5公分
直徑7公分

小型油燈燈座

油燈燈座
Oil Lamp
高4.5公分
直徑6.2公分

暖手爐
Bamboo Stove for Warming Hands
高22.3公分
直徑24.2公分

清末民初,都有採用火烘爐,由手工藝編製,取材竹篾編織。火烘爐外底緣邊,採用細竹編斜紋。爐口用寬板竹斜編,爐框用三條寬板竹插入烘爐左右邊,深入爐底,使之牢固。上高爐框用細竹分三部紮緊,作為手柄。火烘爐中置一瓦盆,可放熱炭,上蓋灰爐,保溫取暖,為老年人於嚴冬季節之最佳禦寒用具。

烘尿布籠
Bamboo Stove for Drying Diapers
長52.5公分
寬54公分
高47公分

籠乃編竹之器可以盛可覆。這種透空籠即是覆用。製法先以厚竹片架成十字形,再以細竹片呈十字形編底部,底部編好,再圈以厚竹片,呈直角形往上編,其編有人字級、平行紋,多以一上一下方式編成。一般拿來烘小孩尿布或衣物。

熨斗及座
Iron
長19公分
寬10.8公分
高17公分

熨領器
Iron
長37.3公分
寬5.2公分
高3.5公分

燙平衣物的用具。熨斗後方有一開關之門，可使用鉗子，將燒紅的木炭送入熨斗內，利用高熱的溫度燙平衣物。

什細盒
Basket for Sewing Item
高13.8公分
直徑37公分

為竹片竹篾所編,周圍較矮。用以盛裝細軟什物。竹籃在台灣手工藝品中,十分傑出,技術多傳自福建、廣東,因竹材取得容易,故竹器工藝發達,製作細緻,找不到竹條接頭,框邊處纏繞一道做為保護。這種形制的竹籃用途亦很廣泛,用來置放一些生活什物如衣飾等。

線軸
Axis for Threads
高4公分
直徑4.7公分

用以纏繞紗線之木軸。

裹腳椅
Rack for Tightening Women's Feet
高46公分
直徑33.5公分

纏足椅有兩種,一種是坐著俾便行纏的椅子,另一種是腳伸在上面便於整理裹布修剪趾甲行纏用的。 前一種坐下來用的椅子,通常高度較一般椅子低,方便把一隻腳放到另一腿的膝蓋上纏裹,椅子下面有抽屜,可以放襪子、裹布、礬粉、針剪等纏足的用具,後一種纏足椅椅面較前一種略高,纏足時腳可以伸放在椅面上,椅面上並設有捲軸,便於整理解下來的裹腳布,也有人將未削切的鞋跟夾在縫中削切製造鞋跟,有的在椅面上也設有抽屜,供放置針剪、礬粉等物,也有一種沒有腳的纏足椅,只是一個平台可放到床面上,在床上纏足,這一式也有人稱做「腳絞」。

打更板
Drum of the Night Watchman
長18.4公分
寬6.4公分
高4公分

錘子
Hammer
長27公分
寬2.5公分

鑼
Gong
高1.5公分
直徑24.2公分

打更制度由來許久，據考漢代即有此制，惟當時係用鼓為記。宋代以後才用木板與鑼，通常鑼只敲一下，而更板則依更時敲一至五下。古時候打更有專門的衙役負責，不僅司夜間報時之責，更有巡守城街之任。在時鐘未普遍使用以前，各城市都有打更制度，台灣在日據以後才廢止。

豐原李宅正廳／李乾朗／＜台灣建築史＞／1993

傢具

供案
Table for Offerings

長232公分
寬59公分
高123公分

供案和供桌以有無吊頭（指在案形結體傢具中，腿足縮進安裝，案面探出在腿足之外的部份）來加以區分，即具有吊頭者為供案，無吊頭者稱供桌。圖中所示之供案，其案面為一獨板，兩端分置弧度優美高起的翹頭；一體成形的牙條與牙板寬大厚實，並稍呈圓弧凸面，牙條處以透雕表現雙螭龍紋並起線，牙板飾以壽字浮雕，而牙頭處則鋟出翻卷雲紋。腿部取材重碩，側腳明顯，並於邊緣打窪起線；上下分置橫棖，中間作瓜稜形圈口，足底以托泥收之。全案造型比例勻稱、作工上乘，加上精美的雕工，使其散發出渾厚凝重、莊嚴典雅的深沈美感。

雙面朱漆書桌
Red Desk

長98公分
寬49.8公分
高88.3公分

書桌的普遍出現，相信是在社會發展漸趨穩定，人民生活漸趨富裕之後。此桌採束腰、方材、無馬蹄之形制；桌面下方平列二個主要抽屜，另為顧及腿部伸展的功能需求，在主屜的左右下方僅設置二個小的抽屜，中間再利用羅鍋棖加以連結，防止攢接之抽屜邊框變形，由於形似馬鞍，又稱馬鞍桌。全桌起線，施以朱漆，四足外側更以打窪起出委角，並運用朱漆、黑漆及乾漆的巧妙搭配，可謂匠心獨具，典雅風華盡現。

方凳
Rectangular Chair
長45公分
寬48公分
高56公分

此張方凳的特色在於馬蹄形桌腳、橫桿及所用的漆法。台灣傳統家具的漆繪以單色的生漆和干漆為主，不似明清漆繪家具般金碧輝煌，由於以單色為主，更能表現出一種樸素含蓄的感覺。此種方桌多置於廳堂的角落，其上往往放一些花瓶擺飾。

右：
公婆椅（公）
Patriarchal Armchair
長42公分
寬35.6公分
座51公分
背104公分

左：
公婆椅（婆）
Matriarchal Armchair
長42公分
寬35.4公分
座50.5公分
背104公分

公婆椅係台灣早期隨女方陪嫁至夫家的嫁妝之一，佈置在私人房內。此圖中一對公婆椅有靠背，無扶手，四隻椅腳平直落地，座椅位置，外表飾以朱漆（註），是屬十分典型而簡單古樸的造型。
（註：普通朱漆飾法為填縫－磨光－塗底－塗漆，待陰乾後即成。）

南官帽椅

Armchair in the Shape of an Official's Hat

長56.5公分
寬47.5公分
高105公分

所謂「官帽椅」,是指椅子靠背上端的搭腦造型微微翹起,而當中凸高,略似戲服中「官帽」的形狀而言。「官帽椅」是明代以來我國椅子造型中最主要的一類代表類式。一般將搭腦左右和扶手前端不出挑的樣式統稱為「南官帽椅」,而搭腦左右與扶手前端均出頭則稱為「四出頭官帽椅」,它們均是明式家具中的典型樣式。「官帽椅」僅指椅子的樣式而言,各種不同的材料均可做成一樣式的椅子,竹藤椅中有不少樣式,即仿此類椅子樣式而做成。

這件椅子在製作上,由於硬木韌度較佳,故靠背椅可以削薄至一公分左右的厚度,其結構仍不致受到影響,因此背板往往被利用來作為形式及風格上的表現,雕上時代背景的象徵性紋樣,以彰顯地域時代特質。

太師椅
Armchair
長56.3公分
寬45.1公分
高104公分

「太師椅」的名稱源於明代,明人沈德符謂:「椅之椅卷聯前者,名太師椅。」實際上這是指一種較大型的圈椅。在此之前,宋人張瑞義則指出由古代「胡床」所演變出的一種大校椅,由於宰執侍從皆用之而稱為「太師樣」,明代太師椅即由此演變而來。清代,太椅並無定式,一般形體較大,做工精細。

太師椅,多置於正廳呈對稱陳設,八椅四几通常稱大全廳,係由每兩張太師椅與一張茶几構成一組,供賓主對談品茗之用;亦有小全廳由四椅二几組成。由於台灣傳統文化深受儒家倫理宗法觀念的影響,特別表現在建築和家具上的空間序位;現代台灣建築因民宅建築結構空間變異,太師椅數量的配置已不再拘泥考究,但基本的平衡對稱仍需考量。在台灣早期上層階級的人家傳統住宅廳堂佈置中,太師椅經常扮演重要角色,由於佈置在正廳(公媽廳)和客廳的家具,通常會使用較上等的木材製作,並非一般家庭的經濟能力可以負擔,因此早期台灣經常有好幾個庄頭找不到半套太師椅。

太師椅通常採屏風靠背,有扶手,座面多呈方型,座面以上和座面以下分為兩個實體部分,靠背與扶手連為一體,椅腳長度較一般椅子高。圖中之太師椅扶手部有卷草紋鵝脖、雲龍紋聯幫棍;靠背板則透雕雲紋。太師椅的製作工法與地域性的傳承相關,如粵式工法,搭腦、椅背與扶手的線條皆平直;而閩南式工法,則呈現出弧度,俗稱為扁擔型。在裝飾技術上,台灣台南、嘉義地區製作太師椅的裝飾手法常使用「嵌木」,亦即俗稱「茄苳入石榴」(註);其他地區則多以鏤空雕刻為主。

(註:「嵌木」就是搭配明暗色澤不同的兩種或兩種以上木材,依嵌件之紋樣挖槽後填入,依紋樣與底木的差異構成預先設計的裝飾圖案。「茄苳入石榴」就是以色澤較淡的石柳木,即台灣黃楊,為紋樣,嵌入深褐色的茄苳木雕紋樣中。)

太師椅（局部）
Armchair (detail)

長方凳
Long Bench
長87公分
寬23公分
高47公分

長方凳之用途在椅凳類中，是屬於一種較為機動性的傢具，用法十分地多樣；平日放置於屋內靠牆收藏；或長時間擺放於庭院或門前，作為每日午後乘涼聊天或工暇時休息之用。此長方凳成對，為有束腰、方材、無馬蹄形式；直根中安置雙矮老（折柱），椅面以獨板為之，與腿足以抱肩榫接合。合椅塗以黑漆，僅束腰施以紅漆，椅面處雖為獨板，但以黑漆塗框，使之看似為攢邊打槽裝板做法，此為台灣早期傢具中，常見的裝飾技巧之一。

矮凳
Stool
長33公分
寬29公分
高30公分

矮凳在日常生活中的使用，極其普遍且廣泛，舉凡穿鞋、做工、休息……等，皆不可或缺。此凳束腰、方材、無馬蹄，腿足間分別置一直棖，與腿足作格肩榫相交，並於邊緣起線，使此凳在粗獷中，亦不失細緻典雅。椅盤亦是以漆仿作鑲板形式，道出了台灣先人對祖國內地傢具形制的感念。

紅眠床（局部）
Bed (detail)

洗面架
Toilet Stand

長55公分
寬53公分
高177公分

就是放置洗臉盆的架子，通常擺在臥房眠床邊，以簡潔的結構、精緻的彫工為特色。自上而下，頂上彫雙龍，下為細橫桿可掛面巾，中間小長方形是裝玻璃鏡用的，小抽屜可放肥皂，面霜等什物。盆架座成田字，備放臉盆在上面。

洗面架 （局部）
Toilet Stand (detail)

洗面架 （局部）
Toilet Stand (detail)

衣架

Rack for Clothes and Hats

長139公分
寬29.5公分
高156公分

沿用明式衣架的型制,每木連接處皆靠榫接,不用膠或螺釘,裝飾以唐草紋鏤雕並鑲嵌貝殼(註)。早期衣服不是用掛的,而是披在衣架上的,此圖中橫桿架構可分層次披衣服,不致堆積、擁擠,兩隻托座腳榫接底根,落以平穩。民國後此類衣帽架已漸不流行,目前尚保存此類衣架者以台灣中部客家庄居多。

(註:鑲嵌的技巧與雕刻有關,而台灣傳統的鑲嵌技術發展較遲,約在清中葉以後才開始,但其表現的效果較雕刻來得華麗。)

衣架（局部）
Rack for Clothes and Hats (detail)

針線櫃
Sewing Cabinet
長32.7公分
寬18.1公分
高25.4公分

此類櫃子多置於臥房內,主要功能為儲物,原為婦女收納細瑣女紅用品之用,後亦有放置於生意人家桌邊作為隨手取用之錢櫃。此圖中針線櫃,外表飾以朱漆,金屬飾件亦十分精美,在當時是屬相當精緻的一件櫃子。家具除了實用價值之外,其裝飾性亦是傳統台灣家具重要特色。由於民族文化的特性,使得這些被附在家具外在型態上的圖案、符號,傳達出包含美感之外的語言。大體而言,它們是祈祥求福的象徵。漢語由於其本身特點,為諧音雙關提供寬廣的想像空間,利用語言的相同與相似,取得修辭效果與吉祥寓意。如圖中針線櫃下櫃拉手金屬飾件為葫(福)蘆(祿)造型,取其「福祿雙至」寓意;又如上櫃拉手金屬飾件為古錢造型,取其外型「財富」的象徵。

蓋頭櫃
Cabinet
長63.8公分
寬42.9公分
高59.6公分

蓋頭櫃,在臺灣早期家具中甚為普遍;但如圖中所示這件,其下方置有抽屜的蓋頭櫃,多半為較大形體者,但如圖所示這件,形體雖小,卻亦做如此設計者,則較罕見。蓋頭櫃一般除用來貯放衣物、器具等外,亦常為許多商賈平日存放金錢及貴重物品之用,而為防遭竊之虞,常蹲坐其上,掩人耳目,是以常可見到櫃頂面板被磨得光亮圓潤的情形。此櫃,用料實碩、氣度大方,作工亦甚精良,為蓋頭櫃中之精品。

平埔族蓋頭櫃
Cabinet with a Cover of the Ping-pu Tribe
長68.5公分
寬41公分
高55.5公分

蓋頭櫃,早期一般皆用來貯放衣物,或收藏器皿。一般此類傢俱,以錢櫃形制為多,而此器卻以漢族蓋頭櫃之形制參考,外加四輪於其四足下,這是因平埔族人適其時常搬遷移徙的特性,所創造出來的實用家具;另外其獨特的彩繪語彙,結合了漢族與原住民的色彩與圖騰,用筆灑脫自然,內容熱鬧、活潑,是台灣早期家具中自成一格的獨特類型。

平埔族蓋頭櫃（局部）
Cabinet with a Cover of the Ping-pu Tribe (detail)

平埔族鼓櫃（局部）
Cabinet with a Cover of the Ping-pu Tribe (detail)
長67.1公分
寬43.3公分
高29.5公分

平埔族錢櫃
Cabinet with a Cover of the Ping-pu Tribe
長67.1公分
寬43.3公分
高29.5公分

平埔族錢櫃的形制以漢族錢櫃外加四輪其下為其標準型,並多數繪以其獨特風格之圖裝飾於前。此件錢櫃只有上部櫃身主體,沒有四足與輪子,翻至背面看之,亦無與腿足接合的榫孔或痕跡;如果非底板損壞,經人修補過,則此件平埔錢櫃當屬特例。錢櫃全器以黃漆打底,在櫃以紅邊,正面畫有二隻相背卻回頭對看之麒麟,旁邊並飾以花草圍繞。線條揮灑流暢,不受拘束,充滿了活潑天真、純樸自然之稚趣。

平埔族錢櫃
Cabinet with a Cover of the Ping-pu Tribe
長73公分
寬44公分
高51.3公分

本件平埔族錢櫃帶輪,特色為腿足部份亦有與櫃
面相同的紅花黑葉紋飾。

平埔族錢櫃
Cabinet with a Cover of the Ping-pu Tribe
長182公分
寬87公分
高89.6公分

平埔族的家具，在臺灣地區早期的家具裡，是特別值得我們重視的一個系統。平埔族人與漢人交往的過程中，在文物的風格形式上，雖感染了漢人文化中較為細緻的一面，但仍保留了原住民與天俱來的天真、熱情、敦厚與樸實，而融合發展出有別於漢民族和其他原住民族的獨特風貌。平埔錢櫃，櫃身採漢民族錢櫃造型，而足下加上四輪的巧思，堪稱是最大的特色；相較於漢民族，其活潑的彩繪圖飾，則增添了幾分趣味性，但若和其他原住民文物相比，又顯得內斂含蓄較多。這種兼容並蓄的特質，於臺灣早期傢具文化的開展過程中是極具象徵意義的。

鏤空直櫺菜櫥
Cupboard
長106公分
寬46公分
高168公分

此為菜櫥的標準形制。櫥身分成三截,除上段櫥門採稜形開光透雕方式稍作點綴,其餘並沒有太多的裝飾。這件櫥櫃作工精良、外型簡潔,其櫥門上抹的雕刻圖案,和日據時代「民俗台灣」雜誌中出現多次的圖案類型相似,故此,此件傢具應屬日據時代初期的台灣菜櫥。

直櫺高腳菜櫥
Cupboard
長81.5公分
寬44;46公分
高173公分

「民以食為天」，這句古諺道出了人們對吃的重視，也點出了菜櫥與日常生活息息相關的必要性。此件高腳菜櫥，以福杉之；器形採有櫃帽之圓角櫃形式，由於器身高挑，所以運四面側腳，加強其穩定度。本菜櫥分三部份，上層為櫥身主體，設有二門，用來放置菜餚；櫥門分作二抹，上抹以直櫺做出分格，透櫺多半任其鏤空，或者糊以紗布以防蟲蠅，下抹則以平板鑲於框內。中層平列二個抽屜，供放置小型餐具，如碗筷碟匙等，下層則用來擺放大型的鍋碗瓢盆，採直櫺透格，並設二門，可供開啟。此種設計，透氣性佳，以利餐具器皿洗滌後的風乾。

鏤空向日葵菜櫥
Cupboard with Sunflowers Pattern

長94公分
寬46.3公分
高148公分

此屬平埔族式菜櫥。櫥身分上下二截，分設二扇櫥門，並皆帶有門棍。上截部份用來放置菜餚，兩邊門上向日葵圖樣的鏤雕紋飾，兼具了通風與美觀的作用。下截部份的櫥門則採以直櫺透格的形式，用加以通風乾擺放收納的大型餐具器皿。此菜櫥用料厚實，線條簡約，不失為實用與美感兼備之作。另外較特別之處，便是其門板上之閂根（穿帶）裝於外側，一反常見於內側之設計，這是在傳統漢體傢具中未曾見過，並且也是違反則例的做法，但卻帶來不同以往、全新的視覺效果。石製底座盛水可防蟲蟻。

飯桶櫃
Cabinet for Rice Basket
長92.5公分
寬53公分
高73.4公分

飯桶櫃，顧名思義，為放置飯桶與碗盤餐具的櫃架。一般民間多數為使用十字棖交叉結構的飯桶架，而能使用飯桶櫃者，當為富貴人家或人丁興旺之大戶。此櫃以四支粗壯的方材為足，上端並做出八角柱頭，每二支腿柱間以三支直棖連接做櫃架結構。全櫃直材皆以格肩榫相結，邊緣雙側並起出渾圓有勁之線條。櫃分上下二層，上層為架，邊緣四周作杆欄樣式，下層為櫃，可放置碗盤餐具並有雙門閉合（碗櫃架中亦有無雙門者），以防蠅蟲進入。門板上繪有水墨花鳥，氣質典雅，繪工精練，綜觀此櫃，當為此器型中難得一件工藝與意涵齊具之佳作。

杏仁擔子
Carrier for Almond Tea
長59.5公分
寬28公分
高73公分

杏仁擔子，為傳統市集裡常見小販的生財工具之一，功能不外乎作為承放杏仁與糖水等之用途。此件擔架，分成三層，上層主放杏仁與糖水之用，中、下層則作為放置碗盤、湯匙之類。上層左右及下方之四個榫孔，因其構件已失，據推測原來應為杆欄式的結構，增加美觀以及防止物品掉落之用。而中層本有二門，今亦已佚，下層則由其榫孔得知，原來應有橫板置於邊緣，以防止碗盤掉落。外觀於木架方材結構處，施以紅彩，並於四足之頂部刻有八角柱，為此擔架增添些許熱鬧、節慶之氣氛。

剃頭椅
Chair for Hair-cutting
長43公分
寬31公分
高63公分

剃頭椅的形制多半為「椅頭」的造型，椅面下常置一抽屜，供放剃頭師父之剪髮用具之用，此為剃頭椅的最大特徵。一般剃頭椅亦有分高、矮二種，高者供小孩使用，矮者則為成人使用，但矮者較為常見。全椅以樟木為之，並施以朱漆，椅面為方形獨板，四足間分置二組高、低之直根，以齊頭碰丁字形接合之方式與四足相結合，是一般民間較常用到的接合技術。

台灣早年大事紀（一六○三～一九四八）

西元	年號	台灣	國際
一六○三	明萬曆三一	荷蘭艦隊遇風在澎湖登陸	呂宋島華僑遭大屠殺 荷蘭在平戶開設商館
一六○九	萬曆三七	有馬晴信被派到東部探險	
一六一二	萬曆四○	明儒沈光文（～一六八八）漂流到台灣	巴達維亞建市（一六一九）
一六一五	萬曆四三	村山等安所派遠征艦隊遇難	東林黨爭（萬曆天啟年間）
一六二二	天啟　二	荷蘭艦隊佔據澎湖島虐待島民	鄭成功生於平戶
一六二四	天啟　四	顏思齊設寨（八月）　荷蘭人進入南部	
一六二五	天啟　五	顏思齊死鄭芝龍任首領　福建大旱招募飢民	
		＊漢人、日本人、荷蘭人共存時期	
一六二六	天啟　六	西班牙佔據北部與荷蘭抗衡	長崎迫害基督教徒
一六二七	天啟　七	侃第紐斯在新港社開始傳教	日本和荷蘭斷絕邦交
一六二八	崇禎　一	濱田彌兵衛事件　鄭芝龍降明	
一六二九	崇禎　二	荷蘭人攻打西班牙未能獲勝	
一六三○	崇禎　三	遮蘭奢城完工　獎勵移民	日本閉關自守（～一六三九）
一六三六	崇禎　九	實施各社酋長「地方會議」制	鄭經出生
一六四二	崇禎一五	西班牙人被驅逐	
一六四七	清順治四	格拉維斯開始自印度輸入黃牛	鄭芝龍降清（一六四六）
一六五○	順治　七	布羅比殿奢城完工	鄭成功要求日本援助（一六四八）
一六五二	順治　九	郭懷一之亂	鄭成功包圍漳州
一六五四	順治一一	蝗害餓死者八千	鄭成功攻打金陵失敗（一六五八） 清第一次遷界令
一六六一	順治一八	鄭成功攻台　改為東都設萬年、天興二縣	永曆帝在雲南被弒　清向鄭經招降
一六六二	康熙　一	荷蘭人離台　鄭成功圖經略呂宋　鄭經醜聞 鄭成功暴斃（三九歲）	來襲荷蘭艦隊覆滅於舟山（一六六三）
一六六四	康熙　三	鄭經入台鞏固部署改稱東寧	
一六六六	康熙　五	陳永華建孔子廟興產業　劉國軒進駐半線（彰化）	
一六六七	康熙　六	清使孔元章來台和談	
一六六八	康熙　七	荷蘭放棄收回台灣的念頭	濱田事件解決諾依茲獲釋（一六七三）
一六七○	康熙　九	英人與鄭經交涉貿易	三藩之亂（一六七三～一六八一）
一六七九	康熙一八	清朝最後一次和談	揆一王「被忽視的台灣」問世（一六七五）
一六八○	康熙一九	鄭經放棄沿岸根據地遁入台灣　陳永華死去	
一六八一	康熙二○	鄭經死去（四○歲）　鄭克𡒉被殺　立鄭克塽	
一六八二	康熙二一	泉州人王世傑進入竹塹（新竹）開墾	
一六八三	康熙二二	施琅滅鄭氏　寧靖王和五妃自盡　鄭克塽和官兵都 被遣送到大陸	
一六八四	康熙二三	施琅諫阻棄臺論　置一府三縣隸屬福建　設三禁	
一六八六	康熙二五	客家移民進入下淡水溪流域開墾	
一六九五	康熙三四	郁永河來台旅行	
一六九六	康熙三五	吳球之亂　賴科越過山脈至東部	
一七○八	康熙四七	泉州人陳賴章等進入台北盆地開墾	江日昇「台灣外記」　布薩瑪那查爾 「台灣地歷」問世（一七○四）
一七一○	康熙四九	連年歉收　米價暴漲	
一七一三	康熙五二	規定「盛世滋生人丁」免除新賦	
一七一四	康熙五三	耶穌教士馮秉正等來台測量	征討西藏（一七一八）
一七一六	康熙五五	岸裡社蕃阿穆進入台中盆地開墾	
一七二一	康熙六○	朱一貴之亂　藍廷珍、藍鼎元致力革新	藍鼎元「平台紀略」完成
一七二三	雍正　一	設淡水廳、澎湖廳、彰化縣　有台南三郊之組織	
一七二五	雍正　三	開始有「台運」	
一七二九	雍正　七	嚴禁移民　山豬毛社蕃之亂	藍鼎元「東征集」完成
一七三二	雍正一○	吳福生之亂　有條件准許接眷屬	
一七三五	雍正一三	眉加臘社蕃之亂	
一七三八	乾隆　三	萬華龍山寺建成	巴達維亞華僑大屠殺

西元	年號	台灣	國際
一七四八	乾隆一三	客家移民進入苗栗盆地開墾	盧梭「民約論」問世（一七六二）
一七六〇	乾隆二五	全面放寬渡台禁令	
一七六九	乾隆三四	通事吳鳳殺身成仁	
一七七〇	乾隆三五	黃教之亂　林漢生至蛤仔難（宜蘭）探險被殺	美國獨立戰爭（一七七五～一七八三）
一七七一	乾隆三六	波蘭人貝尼歐斯基圖進入東部開墾	
一七八二	乾隆四七	漳泉發生分類械鬥　中部紛擾不安	法國大革命（一七八九～一七九五）
一七八四	乾隆四九	鹿港開港	
一七八六	乾隆五一	林爽文之亂（～一七八八）	
一七九二	乾隆五七	開拓八里岔（淡水）　萬華開港 ＊由是有「一府二鹿三艋舺」之稱	
一七九五	乾隆六〇	陳周全之亂	白蓮教徒之亂（～一八〇四）
一七九六	嘉慶　一	吳沙進入宜蘭地方開墾	拿破崙即位（一八〇四）
一八〇三	嘉慶　八	小琉球居民進入火燒島開墾	
一八〇六	嘉慶一一	漳泉分類械鬥　中部放火殺人長達數月	
一八〇七	嘉慶一二	朱濆騷擾蘇澳	
一八一二	嘉慶一七	設噶瑪蘭廳	清嚴禁輸入鴉片
一八一五	嘉慶二〇	郭百年等進入埔里開墾	門羅宣言（一八二三）
一八二二	道光　二	林永春之亂	德川幕府下令擊退外國船（一八二五）
一八二四	道光　四	許尚之亂	
一八二六	道光　六	黃斗奶之亂	
一八二八	道光　八	淡水人吳全等進入花蓮港溪流域開墾　陳集成公司進入大科崁（角板山盆地）開墾	
一八三二	道光一二	張丙之亂	
一八三三	道光一三	金廣福公司進入竹東開墾	鴉片戰爭（一八三九～一八四二）
一八四一	道光二一	英艦窺伺基隆	天保革新（一八四一～一八四三）
一八四四	道光二四	郭光侯抗租　鳳山曹公圳完工	太平天國之亂（一八五〇～一八六四）
一八五一	咸豐　一	淡水人重阿鳳進入花蓮港平原開墾	克里米亞戰爭　培理航行至浦賀
一八五三	咸豐　三	漳泉分類械鬥　漳州人敗走而開拓大稻埕　李石、林供之亂	幕府和培理締結親善條約（三月）
一八五四	咸豐　四	賴唇、黃位之亂　培理艦隊部分人員登陸勘探煤礦（七月）	亞羅號戰爭（一八五六～一八六〇）
一八五五	咸豐　五	鳳山人鄭尚至卑南（台東）　陳秋菊出生	美國南北戰爭（一八六一～一八六五）
一八六二	同治　一	戴萬生之亂	同治中興　洋務運動（一八六四～）
一八六六	同治　五	辜顯榮生於鹿港	
一八六七	同治　六	美船羅拔號事件	明治維新
一八六八	同治　七	英人霍倫企圖進入東部開墾　英艦攻擊安平	
一八六九	同治　八	酋長卓杞篤和美國政府締約	廢藩置縣
一八七〇	同治　九	甘為霖進入台灣南部開始傳教	
一八七一	同治一〇	馬偕進入台灣北部開始傳教	
一八七四	同治一三	西鄉從道征討牡丹社蕃	西南戰爭（一八七七）
一八七五	光緒　一	沈葆楨進行革新　獎勵移民　積極開拓台東	三國同盟（一八八二）
一八八一	光緒　七	林獻堂生於阿罩霧（霧峰）	清法戰爭（～一八八五）
一八八四	光緒一〇	法國艦隊攻擊北部佔領澎湖島	法領印度支那成立（一八八七）
一八八七	光緒一三	台灣建省　劉銘傳當第一任台灣巡撫　推進洋務運動　舖建基隆新竹間的鐵路（～一八九三）	頒佈明治憲法（一八八九）
一八八八	光緒一四	施九段之亂	
一八九〇	光緒一六	蔣渭水生於台北	
一八九一	光緒一七	劉銘傳辭職　邵友濂繼任廢除新政	甲午戰爭（一八九四～一八九五）
一八九四	光緒二〇	劉永福到任保台　唐景崧當第三任巡撫	三國干涉（四・二三）　孫文在廣東首次起義（九・一〇）
一八九五	日明治二八	比志島支隊佔領澎湖（二・二四）　締結馬關條約割讓台灣、澎湖給日本（四・一七）　任命樺山資紀為第一任台灣總督（五・一〇）　台灣民主國成立（五・二五）　禁衛師在澳底登陸（五・二九）　總統唐景崧逃走（六・五）　總督府布政典禮（六・一七）　伊澤修二在芝山巖開始教授日語（七・一六）　劉永福逃走（一〇・一九）　北白川宮能久親王死於台南（一〇・二八？）　平定全島（一一・三）	

西元	年號	台灣	國際
一八九六	明治二九	＊第一期武力抵抗結束 公佈清國人登陸台灣條例和大陸斷絕關係（一一・一）　陳秋菊等襲擊台北（一二・三一） 芝山嚴六名教師殉職（一・一）　公佈法律第六三號（三・三〇）　雲林柯鐵、簡義等人起義（六・一四）　台灣鴉片令（二・一四）	孫文倫敦蒙難（一〇・一一）
一八九七	明治三〇	根據馬關條約由居民決定去就之日（五・八） ＊台北縣一、五七四人，台中縣三〇一人，台南縣四、五〇〇餘人，澎湖島八一人，多為財主	設八幡製鐵廠（二月） 德國佔據膠州灣 俄國佔據旅順
一八九八	明治三一	第三任總督乃木希典免職　兒玉源太郎、後藤新平到任（二・二六）　保甲條例（八・三一）　臨時台灣土地調查局編制（九・一）　匪徒刑罰令（一一・五）	康有為組織保皇黨（二月）　德宗宣佈變法（四月）　宣佈不割讓福建省（五・四）　西太后事變（九月）　仇教運動如火如荼
一八九九	明治三二	創辦醫學校（四・一七）　台灣銀行開始營業　資本五百萬圓（九・二六）	義和團起於山東（～一九〇〇） 法國租借廣州灣（一一月）
一九〇〇	明治三三	黃玉階等人創「天然足會」（三・一〇） ＊一九〇五年一〇月一日為止纏足者八〇〇、六一六人，佔婦女總數的五六・九％ 招集儒生士紳一五一人舉行揚文會（三・一五） 簡大獅死刑（三・二二）　創設台糖（一二・一〇） 謝雪紅生於彰化	宣佈開放門戶（三月）　廈門出兵事件（八月）　立憲政友會成立（九月）
一九〇一	明治三四	馬偕死去（六・一）　臨時台灣舊習調查規則（一〇・二五）	
一九〇二	明治三五	林少貓被討平（五月） ＊第二期武力抵抗結束　一八九八～一九〇二年被殺戮者一一、九五〇人	清朝禁止纏足（農曆三月）　命各省派留學生（農曆九月）
一九〇四	明治三七	改革幣制（七月）	日俄戰爭（～一九〇五）
一九〇五	明治三八	全島耕地面積田三一六、六九三甲、園一五八、八八〇甲（二月）　戒嚴令（五～七月）台北開始有電燈（九・一一）	孫文在東京組織同明會（八月） 竹越與三郎「台灣統治志」問世（九・五）
一九〇七	明治四〇	縱貫鐵路通車（四・二〇）　北埔事件（一一・一五）	
一九一一	明治四四	斷髮會在大稻埕舉行（二・一一）　梁啟超來台在林獻堂家作客（二～三月）	日韓合併（一九一〇）　辛亥革命幸德秋水等人死刑
一九一二	大正　一	林圯埔事件（三・二三）　土庫事件（六・二七）	中華民國成立
一九一三	大正　二	廢除公文之中文譯文（一・二〇）　佐久間總督大規模征討北部蕃社（六～九月）　羅福星事件（一〇月）	二次革命　孫文逃到台灣（八月）
一九一四	大正　三	六甲事件（五月）　板垣退助再度來台組織同化會（一二・二〇）　林獻堂等人合議創設台中中學（翌年實現）	第一次世界大戰（～一九一八）
一九一五	大正　四	同化會被解散（二・二六）　西來庵事件發生（八・三） ＊第三期武力抵抗結束	日本對華二十一條要求（五月） 「新青年」創刊（九月）
一九一六	大正　五	林茂生（一八八七～一九四七）東京帝大畢業　第一個文學士	袁世凱死去（六・六）
一九一七	大正　六	甘為霖回國（二・二一）　早稻田大學棒球部來台（一二・二九）	文學革命　俄國革命
一九一八	大正　七	撤廢六三法　同盟會在東京成立　黃玉階死去（六十九歲）	中國南北分裂（一月）　威爾遜提倡民族自決
一九一九	大正　八	田健治郎當第一個文官總督（一〇・二九）	朝鮮三一事件　五四運動
一九二〇	大正　九	留日學生組織「新民會」（三月）　林獻堂被推為會長（一二月）　「台灣青年」創刊（七・一六） 謝文達駕機返台訪問（一〇・一七） ＊當時會日語者一千人中有二八・六人、朝鮮為二一・七人	國際聯盟成立（一月）　日本最初的五一勞動節　中國發生安直內戰
一九二一	大正一〇	設置台灣議會請願運動崛起（二月）　組織台灣文化協會（一〇・一七）	中國共產黨成立（八月）　日首相原敬被刺　華盛頓會議揭幕（一一月）

西元	年號	台灣	國際
一九二二	大正一一	杜聰明（一八九三～）獲京都大學學位　第一個醫學博士　台灣議會請願運動受到壓迫	孫文接見越飛（一月）　日本共產黨成立（六月）
一九二三	大正一二	介紹中國白話文（一月）　「台灣青年」發展為「台灣民報」（四月）　辜顯榮組織御用團體「公益會」（一一月）　周天啟等人組織「鼎新社」掀起新劇運動（一二月）	京漢鐵路罷工（二月）　創造社積極活動（五月）　關東大震災（九・一）
一九二四	大正一三	蔣渭水等人被起訴（三・一）　張我軍等攻擊舊文學	國共第一次合作　列寧死去（一月）
一九二五	大正一四	二林成立蔗農組合（六・二八）　鳳山成立農民組合（一一・一五） ＊農民運動興起	孫文死去（三・一二）　五卅運動　日本公佈普選法（五月）
一九二六	昭和　一	成立台灣農民組合（六月） ＊一九二七年一一月末為止有四個州支部聯合會、二三個支部、成員二四、一〇〇人 陳炘（一八九三～一九四七）設立大東信託（一二・三〇）　台北高校創校	蔣介石開始北伐（七月）
一九二七	昭和　二	蔡培火提倡羅馬字（一・二）　文化協會分裂（一・三）　黑色青年聯盟被搜捕（二月）　台北市人力車夫二千人罷工　高雄鐵工廠罷工（四月）　台灣民眾黨成立（七月）　各地成立工會	金融恐慌開始（三月）　蔣介石四一二反共政變　武漢政府國共分裂（七月）
一九二八	昭和　三	工友總聯盟成立　共二九團體‧六、三六七人（二・一九）台北帝大創校（三・一七）　謝雪紅等人在上海成立台灣共產黨（四月）	全日本農民組合成立（五月）　伊能嘉矩「台灣文化志」撰成　張作霖被炸死（六月）　朱德、毛澤東會於井崗山
一九二九	昭和　四	「台灣新民報」發刊（一月）　各種政治團體受壓迫	矢內原忠雄「帝國主義下的台灣」刊行（一〇・一〇）
一九三〇	昭和　五	民眾黨分裂　掀起鄉土文學論戰（八月）　霧社事件（一〇月）　台灣共產黨鼎盛時期	倫敦裁軍會議（四・二二）　批判李立三路線（一一月）　世界開始陷入恐慌
一九三一	昭和　六	謝春木「台灣人的要求」刊行（一・一〇）　民眾黨左傾被解散（二・一九）　蔣渭水死去（八・五）　穩健派成立台灣地方自治聯盟（八・一六）　左傾分子大量被捕（六、一一月）　台語正字法掀起論戰	蔣介石監禁胡漢民（三・一）　九一八事變　瑞金成立中華蘇維埃臨時政府（一一月）
一九三二	昭和　七	「台灣新民報」獲准發行日刊（一・九）　反對限制運入台灣米運動（夏天）　禁止開設書房（一一・一八）　蘇維賢組織「民烽戲劇研究會」 ＊築地小劇場影響所及	上海事變（一・二八）　滿洲國成立（三・一）　五・一五事件　納粹成為第一大黨（七月）
一九三三	昭和　八	實施內地台灣通婚法（三・一）　搜捕共產黨（七・二五）	美國開始實施新政策　日本退出國際聯盟（三月）
一九三四	昭和　九	辜顯榮被日本天皇選為貴族院議員（七・三）　台灣議會設置請願運動停止（九月）　楊逵「新聞配達夫」登載（一〇月）　日月潭發電廠竣工　總工程費六、四〇〇餘萬圓	希特勒就任總統　共軍開始長征（一〇月）　日本廢除華盛頓條約（一二月）
一九三五	昭和一〇	台灣實施地方自治（四・一）　舉行布政四〇週年大型博覽會（一〇・一〇）	德國宣佈重整軍備（三月）　意依戰爭（一〇月）　共軍抵達陝北（二月）
一九三六	昭和一一	林獻堂「祖國事件」（六月）　小林躋造任第一七任總督（九月） ＊恢復武官總督	二二六事件　西班牙發生內亂（七月）　魯迅死去（一〇・一九）　西安事變（一二月）
一九三七	昭和一二	推動皇民化運動　禁止用中文（四月）　台灣地方自治聯盟解散（八月）　辜顯榮死於東京（一二・九）	七七事變　國共第二次合作（九月）
一九三八	昭和一三	中國空軍空襲新竹（二月）　派軍夫到上海（五月）	德奧合併（三月）　發表建立東亞新秩序聲明（一一月）
一九三九	昭和一四		第二次大戰爆發（九月）
一九四〇	昭和一五	改姓名運動　進行寺廟的整頓　成立勤行青年隊	汪精衛政權成立（三月）　日德意三國同盟（九月）　大政翼贊會成立（一〇月）
一九四一	昭和一六	成立皇民奉公會（四・一九）　東港事件（一一月）　高砂族義勇兵參加菲律賓作戰（一二月）	

西元	年號	台灣	國際
一九四二	昭和一七	實施陸軍特別志願兵制度（四・一） ＊是年日語普及率為六〇％	延安文藝座談會（五月）
一九四三	昭和一八	實施海軍特別志願兵制度（七・一）　蔡忠恕陰謀事件	日軍從瓜達爾納爾島撤退　史達林格勒的德軍投降（二月）　開羅宣言（一一・二七）　學生出征（一二月）
一九四四	昭和一九	實施徵兵制（九・二四）　蘇澳漁夫間諜事件　空襲猛烈	諾爾曼底登陸作戰（六月）　美軍登陸雷特島（一〇月）
一九四五	昭和二〇	林獻堂、許丙、簡朗山等人被日本天皇選為貴族院議員（四・四）　辜振甫等人參與籌劃獨立（八月下旬）　台灣省行政長官公署、台灣省警備總司令部前進指揮所在台北成立（一〇・五）　接收員從福建省來台（一三日）　第七〇師分乘美艦四〇艘抵達基隆（一七日）　林獻堂為海外台胞呼籲救濟（二二日）　行政長官陳儀抵台（二四日）　和日本總督安藤舉行受降典禮（二五日）　開始接收（一一月～翌年四月）　糧食不足，交通癱瘓，物價開始暴漲（一一月）　旅日台灣人開始回國（一二・五）　日本人開始遣返（一二・二五）	聯合國成立（四月）　德國投降（五月）　波次坦宣言（七・二六）　日本投降（八・一五）　佔領軍下令日本進行民主化（一〇～一二月）　蔣介石、毛澤東重慶會談（八月）　國共發生衝突（一〇月）　任命馬歇爾元帥為駐華特使（一一月）
一九四六	民國三五	貿易公司改為貿易局（二・六）　取締日本書刊（二・一二）　逮捕安藤總督等人（四・一三）　成立台灣省參議會（五・一）　朱昭陽等東大派創辦延平學院（五・一九）　選出參政員（八・一六）　林獻堂率致敬團飛往南京（八・二七）　劉文島調查團發表談話「勿對光復失望」（九・七）　設立中央政府徵糧督導團（一一・二七）	聯合國第一屆大會在倫敦舉行（一月）　國共在東北激戰（三月）　東京審判開庭（五月）　公佈日本新憲法　國民黨強行召開國民大會（一一月）　通過新憲法（一二月）
一九四七	民國三六	台北市民在大稻埕和中國警察發生衝突（二・二七）　二二八大叛亂發生　成立處理委員會提出「三十二條要求」（三・七）　國民政府援軍登陸（九日）　開始屠殺（一〇日）　白崇禧來台宣撫（一七日）　陳儀被免職　行政長官公署改為省政府由魏道明擔任主席（四・二二）　謝雪紅組織台灣民主自治同盟（一一月）	美國宣佈停止對國共調停　戰火擴及華北（一月）　盟軍總部下令日本官廳公共機關中止總罷工（二・一）　杜魯門主義（三月）　國民政府軍隊佔領延安（三・二〇）　中共軍隊宣佈總反攻（九・一二）
一九四八	民國三七	設立台灣省通志館（後來的文獻委員會）（六・一〇）　大中戶餘糧收購辦法（七・三〇）　廖文毅等台灣再解放聯盟從香港向聯合國控訴（九・一）	民主同盟等宣佈打倒國民政府（一月）　發行金圓券（八月）　中共指定蔣介石等四三名戰犯（一二月）

（摘錄自王育德，《台灣－苦悶的歷史》，自立晚報，1993年3月）

參考書目

〔歷史〕

H. Weiss & B. J. Weiss,《先民的足跡－古地圖畫台灣滄桑史》(*The Authentic Story of Taiwan*),
Mappamundi Publishers, Belgium, 1991。

王育德,《台灣－苦悶的歷史》,自立晚報,1993。

〔信仰〕

《民間信仰與中國文化國際研討會論文集》,國立中央圖書館漢學研究中心,1994。

凌志四編,《台灣民俗大觀》,大威出版社,1985。

林進源主編,《台灣民間信仰神明大圖鑑》,進源書局,1994。

李豐楙、朱榮貴主編,《儀式、廟會與社區》＜道教、民間信仰與民間文化＞,中央研究院中國文哲研
　　究所籌備處。

包黛瑩、陳忠民主編,《影像老台灣系列》,創意力文化事業。

鄭志明,《台灣民間宗教結社》,南華管理學院,1998。

董芳苑,《探討台灣民間信仰》,常民文化(Formosa Folkways),1996。

董芳苑,《信仰與習俗》,人光出版社,1994。

呂明穎,《寫給青少年的台灣祭典儀俗》,常民文化,1996。

劉還月,《台灣民間信仰小百科》,台原出版社,1994。

袁和平,《現代眼看媽祖》,幼獅文化事業公司,1997。

林國平,《閩台民間信仰源流》,幼獅文化事業公司,1996。

林瑤琪編,《兩岸學者論媽祖－閩台媽祖文化學術研討會論文集》,1998。

王志宇,《台灣恩主公信仰－儒宗神教與飛鸞勸化》,文津出版社,1997。

葉明生編,《中國傳統科儀本編(一)－福建省龍巖市東肖鎮閭山教廣濟壇科儀本》,新文豐出版公
　　司,1994。

《台灣廟宇文化大系＜貳＞天上聖母卷》,自立晚報設文化出版部,1994。

呂理政,《傳統信仰與現代社會－台灣民間信仰研究論集》,稻鄉出版社,1992。

〔生活〕

簡榮聰,《台灣傳統農村生活及文物》,台灣省文獻委員會,1992。

簡榮聰,《台灣客家農村生活與農具－傳統台灣客家農具與農村生活初探》,中華民國台灣史蹟研究中
　　心,1991。

黃俊傑,《台灣農村的黃昏》,自立晚報,1998。

〔影像〕

賴志彰、張興國,《台灣影像歷史系列:蓬萊舊庄－台灣城鄉聚落》,立虹出版社,1997。

張照堂,《台灣攝影家寫實風貌》,1991。

《台灣:戰後50年－土地・人民・歲月》,時報文化出版企業有限公司,1995。

後記——
談「台灣常民文物展—信仰與生活」展覽定名

張懷介

　　本書是為一九九八年自十二月二十五日起展出之「台灣常民文物展—信仰與生活」所出版的圖錄，展覽原訂名稱為「台灣文物展」，啟思於歷年來本館立館方針即涵蓋台灣文化、中國文化及世界文化三大方向，九八年十二月出版之《國立歷史博物館館介》（建館沿革）即明白昭示：「……本館將分為中原文物館、地方文物館及海外文物館三大部份，三者鼎足而立，使本館可於更廣闊的空間下，完整呈現先民歷史文化演進的全貌，並形成立足台灣，胸懷大陸，放眼世界的胸襟與氣慨。」早年歷史博物館之展出幾乎以中原文物為主題。但近年來由於本土意識高漲，政治環境更因解嚴後急遽地轉變，因之保存台灣本土文化之聲乃得以清揚，昔日孜孜收藏台灣文物的少數收藏家乃得以將其珍藏公諸於世。然而，所謂「台灣文物」與中原文物，抑或更應確切指明與中原閩南文物之間的差異性何在？這便是本次「台灣常民文物展—信仰與生活」所企圖探討的。

　　自九五年起本館陸續有「連雅堂紀念文物展('95.11~'96.11)、「台灣早期書畫展」('95.11~'96.1)、「台灣百年攝影展」('95.11~'96.1)「府城文物特展」('96.1~'96.2)、「金門古文物特展」('98.3~'98.4)以及近期之「追根究柢—台閩族譜及家傳文物特展」('98.11~'98.12)以各種層面呈現台灣文化特質。此次展出首度開宗明義以「台灣」之名於國立歷史博物館展現本土文物風貌。展出內容涵蓋「民間信仰用品」、「農村器具」、「生活器物」、「傢具」四大類。展品數量計有三一二件，種類繁多，在參考諸方論述書籍後作出上列分類，但仍有漏疏之憾。例如單項展出文物代表性種種問題，但若鑑以收藏早期台灣文物之艱辛景況與社會變遷中所流失的先民遺物價值，此批展出文物珍貴異常便不在話下。

　　以展品年代而言，本次展覽並不就展品作精確斷代工作，此為收藏紀錄之輾轉以及文物年代之模糊，但確切的是台灣有大批且合法的移民乃自有清時期，本批展品的年代多屬清代。展品出處亦莫衷一

是，故並不作特別標示。此二處仍須請各方先進給予指教。

關於何謂「常民」文物？本圖錄專文作者已作精闢論述，而追溯台灣早期大陸移民多來自閩粵一帶貧苦地區，出身寒微，並無所謂貴族階層，在清代之後成立州府，所派遣官史多屬流放官，層級亦不能與大陸相提並論，至甲午戰爭起，割讓日本，在在顯示清廷視台灣為窮鄉僻壤心態，然先民經營台灣之歷歷艱苦，與險惡的環境搏鬥，與不同移民團體之間為爭生存空間而搏鬥，正是因為出身於最平凡的階層－「常民」，才有這樣充滿毅力，不屈不撓的奮戰精神。這樣的精神隱涵於本次展出之各項文物。就內容與形式而言，這些展品均是日常生活可見之物，它們的外貌或者並不起眼，它們的色彩或者並不華麗，但都是先民留下的寶藏，不能為後世所遺忘與丟棄。「常民」文化亦是本館文物收藏之一大特色，它有別於一般收藏古物藝術品之重雕琢華麗，更有別於宮廷藝術之巧飾精美，它們是最貼近人民生命的生活器物，甚或喪葬用品、宗教文物，件件均散發著古樸至真的美感。

展覽主標既為「台灣常民文物展」，繼而構思如何展現所謂常民文物之特色。展品中三分之一為「民間信仰用品」，採用「民間信仰用品」之稱而不用初始之「宗教文物」，原因在於台灣地方信仰已無絕對之宗教純粹性。國立中央圖書館（今「國家圖書館」）漢學研究中心於九四年四月廿六日至廿八日舉行「民間信仰與中國文化國際研討會」中，美國普林斯頓大學宗教系副教授太史文指出所謂民間信仰可以從三個層面來了解：一是相對於文人階層的理性宗教信仰，民間信仰是中下階層迷信色彩的信仰；二是不分階層差異，民間信仰是社會中每一份子所共有的文化或價值體系；三是民間信仰不應被視為一固定不變的信仰體系，而是一複雜的、持續在更新調整的、具爭議性的具富象徵意義的活動與過程[註釋]。是故採用「民間信仰」此一名稱其適切性自然大於「宗教」。而所餘三類展品「農村器具」、「生活器物」及「傢具」均可被視為日常生活的點滴累聚，是故展覽副標底定為「信仰與生活」。此一副標正為台灣常民文物註解先民步履痕跡的二大課題。其中渡海時的險風惡浪使得媽祖成為台灣地區廟祠最多、奉祀最廣的神明，其護將千里眼、順風耳亦成為台灣人民心目中為其「眼觀千里之難、耳聽四方哀告」的全能守護神。本次展出九組媽

祖、媽祖／千里眼／順風耳、千里眼／順風耳神像均各具特色，另有七爺、八爺神象、土地公像。而「生活」部份展品更以多項類別呈現早期台灣先民之質樸生活面，「生活」正是這塊土地上的人民最關心、也最首要的層面，而「信仰」即是這樣務實真切生活的唯一精神依歸。然而本次展出並未探討「信仰」對「生活」之影響與其對應關係，此一課題亦有勞前輩指正。

參諸太史文論點，展覽英文譯名為 *The Populor Belief and Daily Life Seen From Early Taiwanse Artifacts*，其中以and（與）而非VS.（相對）來聯貫「信仰」與「生活」正是前段用意。

本次展覽須感謝收藏家李吉崑先生自始至終的協助與指導，展覽組同仁共同為本展的戮力合作是使這個展覽成形的最大助力。此外，在展覽定名期間感謝胡懿勳先生、吳國淳博士、曾少千博士給予的諸多寶貴建議。美工室郭長江先生、郭祐麟先生為展覽展場、圖錄及文宣品設計所付出的心力亦在此致由衷感謝。

註釋：

太史文(Stephen F. Teiser), *The Ten Kings of Purgatory and Popular Belief*，《民間信仰與中國文化國際研討會論文集》，漢學研究中心，台北市，1994，621頁。

本圖錄展品皆由李吉崑先生提供拍攝。為說明部分文物用途，特經簡榮聰先生、李乾朗先生、涂龍樹先生、黃則修先生、林彰三先生、劉文三先生、雄獅圖書公司及同威出版社等個別同意授權使用其原著作中之插圖，謹此致謝。

國立歷史博物館　　敬啟

```
臺灣常民文物展:信仰與生活＝The popular belief and daily
seen from early Taiwanese artifacts／國立歷史博物館編輯
委員會編．--臺北市：史博館，民87
 面：公分
參考書目：面
含索引
ISBN 957-02-2931-4（精裝）

1.臺灣- 文化- 圖錄

673.24                                          87015963
```

台灣常民文物展―信仰與生活

The Popular Belief and Daily Life Seen from Early Taiwanese Artifacts

發 行 人	黃光男
出 版 者	國立歷史博物館
	台北市南海路四十九號
	TEL：02-2361-0270
	FAX：02-2361-0171
編　　輯	國立歷史博物館編輯委員會
主　　編	蘇啟明
執行編輯	張懷介
美術設計	郭長江、郭祐麟
翻　　譯	陳玉珍、張蕙心、張懷介
攝　　影	余健利
文字校正	郭藤輝、黃倩佩、周妙齡、閻鈺臻、黃璧珍
秘 書 室	謝文啟
會 計 室	蕭金菊
印　　製	四海電子彩色製版股份有限公司
出版日期	中華民國八十七年十二月
統一編號	006309870386
ISBN	957-02-2931-4（精裝）

行政院新聞局出版事業登記證
局版北市業字第24號

版權所有　翻印必究